シン・防災論

「政治の人災」を繰り返さないための完全マニュアル

鈴木哲夫

発行◎日刊現代
発売◎講談社

シン・防災論
「政治の人災」を繰り返さないための完全マニュアル

目次

第6章 心に刻め！ 先人の言葉と意志 146

第４章扉の写真はテレビ西日本提供、
第６章扉の写真は著者提供、
それ以外はカバー写真も含めて日刊現代所蔵のものです。

シン・防災論

「政治の人災」を繰り返さないための完全マニュアル

はじめに

「本にしましょうか」

耳を疑った。しかし、一気に高揚して、感極まって即座に答えた。

「ぜひやりたい！　やりたかったんですよ」

年明け、日刊ゲンダイ本社の一室で、レギュラー出演しているゲンダイ配信のオンライン講座の収録を終え、マイクを外したりカメラを片づけたりしているときだった。立ち会っていた寺田俊治社長が私に「本に」と言ってくれた。

実は、この日の講座の中身は、元日に起きた能登半島地震への政府対応のひどさの舞台裏の取材報告だった。過去の地震などの自然災害を政府は教訓とせず、犠牲を生むことを繰り返し、今回もまた同じという内容だった。それを聞きながら寺田氏が提案してくれたのである。

私のライフワークの柱に「自然災害と防災」がある。きっかけは、１９９１年の長崎県雲仙普賢岳の火砕流。現場で犠牲者の遺体を目の前にして、無力な自分を思い知らされ、それまで意気がっていた報道もまた、自然災害に対してはあまりにも無力だと突き付けられた。そのときから私は、防災というテーマはジャーナリズムの使命だと思うようになった。

私はこれまで、阪神淡路大震災、新潟県中越地震、東日本大震災、熊本地震、そして地震のみならず豪雨、台風、火山噴火、酷暑と、取材を続けてきた。どれほどの命が奪われてきたか。被災者には何の罪もない。しかし、政府の対応はそれらを教訓として生かすどころか、時間や予算や大がかりな法改正が必要なため、根本からの防災対策に取り組んでこなかった。挙げ句には「予知できなかった」「未曾有の災害だった」などと、そのたびに言い訳をして逃げてきた。はっきり言う。度重なる自然災害の犠牲や被害は「政治の人災」である。

自然災害は、命を奪い郷土を破壊する、とてつもない有事だ。防衛費は増やしても同じ有事の防災対策にはなぜもっと予算を投じないのか。有事という意識は政治・行政にあるのか。

私が、30年以上にわたって向き合ってきた災害とそれへの対策。いつかまとめたいとずっと思ってきた。そして今回、そのチャンスをいただいた。

災害現場で起きていた数々の現実と貴重な証言を書き込んだ。政治・行政は何をすべきか、その政策や覚悟のヒントに必ずなると信じて集大成したのが本書である。読者のみなさんが、それぞれの立場で活用されることをお願い申し上げる。

市中に甚大な被害を及ぼした能登半島地震

第1章

「能登の悲劇」と「慟哭の惨状」

「初動が遅れたということはない」

2024年1月。国会の集中審議で岸田文雄首相は能登半島地震への対応について、そう言い切った。

初動は本当に遅れていないのか。だが、取材を進めると言葉とは裏腹に疑わしい事実が見えてきた。遅れはやはりあった。そしてまたしても、危機管理知識の欠如と、過去の経験を生かしていない政治を露呈した。

能登の悲劇は、火災、倒壊、津波、孤立……

2024年1月1日。最初の揺れは16時6分、石川県能登半島沖でマグニチュード5・7の地震が発生し、石川県珠洲《すず》市で最大震度5強を観測した。

その直後、16時10分、今度はマグニチュード7・6の大地震が襲った。石川県輪島市と羽咋《はくい》郡志賀町で震度7。気象庁は石川県能登に大津波警報、山形県・新潟県上中下越・佐渡島・富山県・石川県加賀・福井県・兵庫県北部の各津波予報区にも津波警報を発令した。

テレビやSNSなどで次々に伝えられる現地の被災者の声。

「とても立ってなんかいられない大揺れ。恐怖しかない」

「車で走っていたらハンドルが取られ、停車したら大揺れで外に出た。道路のずっと先まで電柱が倒れた。現実か？」

「家を飛び出した。ミシミシ音を立てていたが飛び出した後に、見慣れた家が横に将棋倒しのように崩れていった。あと少しで死んでいた」

液状化で地面は隆起し、崖崩れも加わって道路はあちらこちらで寸断。ビルや家屋は倒壊。輪島市内などでは、住民が倒壊した建物の下敷きになっているとの通報も消防などに相次いだが実態はつかめず。県内広範囲の3万戸以上で停電や断水。NTTドコモ、KDDI、ソフトバンク、楽天モバイルなどは当然、通信障害。上越・北陸新幹線をはじめJRや航空など公共交通機関もすべてストップ。志賀原発や柏崎刈羽原発に異常はなしと原子力規制庁は発表したが、のちに施設内のポンプ一時停止などのトラブルが発生。

そして18時ごろ、大きな被害を出した輪島市内の火災発生が確認されたが、延焼やけが人の有無などはまったく把握できないまま時間が経過した。

官邸は何をしていたか。

地震発生直後から、林芳正官房長官や松村祥史防災担当相らが集まり、情報収集などの対応にあたった。

岸田首相は地震発生を受けて16時15分、「国民に対する情報提供を適時的確に行い、住民避難などの被害防止の措置を徹底すること」など3点を指示。官邸入りは17時17分。記者団に、「住民の皆さんには引き続き、強い地震の発生に十分注意していただかなければなりませんし、津波が予想されている地方においては一刻も早い避難をお願いしたい」と呼びかけた。

その後、災害対策基本法に基づいて「特定災害対策本部」、次いで「非常災害対策本部」と格上げして本部を設置し、翌朝には首相が本部長を務め会合を開催。首相は「内閣総理大臣である私自身が陣頭指揮をとって、震災対応に当たる」と強調した。しかし、のちに検証を詳述するが、この災害対策本部の初動は驚くほど遅かった。

また、災害派遣の核でもある自衛隊については、地震発生後、木原稔防衛相が記者会見で、石川県の珠洲市や輪島市で自衛隊が活動に着手したと発表。さらに自衛隊員1000人が派遣に向けて準備中、状況に応じて8500人が待機しているとした。ところがこちらも、のちに自衛隊投入が遅れたのではないかという批判が出る。これもその舞台裏を後述する。

能登半島地震による死者は1カ月が経過した1月31日時点で238人。2016年に死者276人となった熊本地震以降、またしても多くの犠牲者を出す災害となった。このうち、災害による間接的な要因で亡くなった災害関連死は15人。県の住宅被害は4万6000棟を超え、1万4000人以上が今も避難生活。道路や水道といったインフラやライフラインは復旧途上で、被災地ではなお過酷な状況が続いている。

有事の自衛隊投入を決断するのは首相しかない

まず、今回焦点となったのが自衛隊の派遣についてである。自治体の首長や有識者などから、投入が遅かったのではないかとの批判が出た。

過去を例に挙げると、2016年の熊本地震では、投入された自衛隊は3日目に1万4000人、5日目には2万4000人だったのに対して、能登では5日目でようやく5000人だった。

自衛隊は言うまでもなく、有事の際の人命救助や災害復旧のプロ集団である。可能ならば本来は、迅速に大量に派遣すべきであることは言うまでもない。

今回投入が遅かったという批判に対して、岸田首相やその周辺、また木原防衛相などはこう反論している。

「能登半島は海に囲まれ、唯一入っていく道路が寸断されるなどの悪条件が重なっていた。

現場の情報も十分に入っていなかった中で大量に動員するのは効果的でも合理的でもない。少しずつ逐次投入していったのは正しい」

　また、熊本のように近くに駐屯地、部隊がなく、人員召集の難しさがあったという点も挙げている。

　しかし、旧知の自衛隊ＯＢの制服組元幹部は、地形や陸路の問題以上にもっと他に背景があると、こう断言した。

「初日からできること、方法はいろいろあったと思う。今回の現場を見て私の経験から言うと、当日から翌日にかけて５０００人投入する体制はできたと思うし、どんな悪条件でも何とか現地に入る能力や知恵は自衛隊にはある。有事のいわば軍隊なのだから。だが、勝手には動けない。問題があったとすれば、官邸の決断や指示が遅かったということではないかと思う。そこがすべてではないか」

　つまり、自衛隊云々以前に、そもそも首相や官邸を中心にした政府としての初動について検証が必要ではないかというのだ。

　岸田首相は、初動に問題なしと言っているが、冒頭に述べたように、経過を丁寧に取材検証していくと大いに疑問が浮かび上がってきた。災害対策本部の設置を時間軸で見ると、それが明白になってくるのだ。

災害は、まずは最悪にとらえることから始めよ

まず、地震発生は元日1月1日の16時10分。官邸ではその1時間20分後の17時30分に、「特定」災害対策本部を設置した。

ただ、災害対策本部にはその深刻度に応じて段階がある。この「特定」というレベルは一番軽い。首相は参加しない対策本部だ。

災害対策本部については軽い方から「特定」「非常」「緊急」とランクが上がる。つまり、今回は発生から1時間以上経っているのに、その時点で官邸は、能登半島地震をまずはそこまで深刻ではないだろうと軽く見ていたことが分かる。

しかも、その「特定」災害対策本部ですら、初会合は設置から2時間30分が経過した20時だった。もちろん岸田首相はメンバーではない。

そして、ようやく深夜の時間帯の22時40分になって、より深刻な状態に対応するための「非常」災害対策本部に一つランクを上げたのだった。

ところが、信じられないことに、ようやく首相も参加してその「非常」災害対策本部会議が開かれたのは、何と翌2日の朝の9時23分。

一夜をやり過ごしたのだ。この間どれだけの命が奪われ、現場は混乱し、住民は逃げ惑い、どんな思いをしていたか。

この遅さと鈍感さが、いかに異常かは過去を見れば分かる。

2011年の東日本大震災は地震発生の28分後に「緊急」災害対策本部を設置。2016年の熊本地震は地震発生44分後に「非常」災害対策本部を設置している。

今回の時間経過をおさらいしよう。

発生から1時間20分も経って、もっとも軽い「特定」災害対策本部、4時間後にようやくランクを上げて「非常」災害対策本部、しかもその会議は実に17時間後だ。

岸田首相は、元日の対応について国会答弁でこうも答えている。

「(地理的な制約もあり)情報収集に大きな困難が生じたが、被害状況の速やかな把握を指示した」

指示だけなら誰でもできる。元日の初動は危機管理上で最悪だ。

防災取材をライフワークにしてきた私からすれば、今回取るべきだった初動についての結論はこうだ。

地理的に現場の状況が分からない——むしろ実態が分からないからこそ、まず最悪の状態を考え深刻度の高いレベルの対策本部をすぐに立ち上げ、自治体、警察、消防、自衛隊と省庁が総力で当たるべきだったのだ。

もし被害が少なければ、逆に対策本部のレベルを下げればいい。要するに手順が逆なのだ。

平時とは真逆の論理を実行せよ

平時は、官僚による政府の行政手続きというものは、だんだん段階を上げていくのが常道だ。

しかし、災害有事や危機管理においては違う。最悪を考えて最初に大きく広げ、大丈夫なら狭めていくべきなのである。通常の立て付けとは逆にすべきだ。こんなことは首相が決断すればできる。最悪の状況を考えて最大限に広げて手を打つ。大丈夫なら狭めていく。これが危機管理の基本だ。

これについては、東日本大震災の教訓があった。

２０１１年3月11日、日本で初めての原発事故。福島第一原子力発電所が津波にやられ、メルトダウンした。

当時の政権は旧民主党。首相は菅直人氏、官房長官は枝野幸男氏。

原発事故に対して、放射能漏れなど市民には重大な影響が懸念される。そこで政府は、住民に避難指示を出した。

ところが、事故の状況を見ながら、会見のたびに「まずは半径5キロの住民」、次には「10キロ」と次第に避難の範囲を広げて行ったのだった。これによって住民はパニックに陥った。逆であるべきなのだ。本来なら、まずは最大の「50キロ」から避難させ、安全が確認できれば次第に「30キロ」「10キロ」と縮めて住民を帰還させていくのが危機管理の鉄則であるべきなのだ。

その教訓はその後も十分に生かされて来なかった。

2019年9月、こちらは地震ではなく台風。千葉、神奈川などを襲った台風15号だ。その猛烈な風が甚大な被害につながった。

吹き荒れた風は確かに予想以上のものではあった。気象予報士がこう話した。

「温暖化や異常気象の中で、確かに年々台風の質が変わってきている。コースもまったく逆に進むこともあるし、勢力や雨の量や風の強さもそう。2018年の大阪の台風のときの風も異常で大きな被害が出た。また今回のコースは、ギリギリまで東京湾の海上にいて、水分を十分に含んだままそこからいきなり上陸したから勢力が衰えないままやってきたという特徴もある」

その強風が電柱や送電線をなぎ倒し、大規模停電を引き起こした。新たな形の自然による都市型災害だった。

ところが、そこで東京電力の記者会見での情報発信が危機管理とは真反対の手順になってしまった。

停電は「明日には何とか復旧」と住民に期待を抱かせたのだが、その後の復旧工事が進まず「いや数日かかる」、「いや9月終わりまでかかる」と会見のたびに復旧の見通しが先延ばしになっていった。

これによって、復旧まで頑張ろうとスケジュールを立てていた被災者の心労に決定的な追い打ちをかけたのである。

危機管理の情報は、まず最悪のところ、たとえば「最大で2週間」、早く工事が進めば「何とか1週間で」「あと数日」と狭めていかなければならない。被災者が耐え切る——、そのための情報発信がなぜできないのか。

この国のトップは能登半島地震を甘く見ていた

2024年元日の災害対策本部設置の順序を見ても、日本の政治・行政の中に危機管理の鉄則が浸透していないことが分かる。

危機管理の鉄則は、災害という有事に対し、トップリーダーが絶対的に有していなければならない知識であり、覚悟であり、センスである。

岸田首相が今回の能登半島地震を甘く見て、なかなか自ら先頭に立たず、やるべき最大限の初動対応や、その有事の際の決断が欠けていたことは明白だと言っていい。

発生直後から官邸と連絡を取っていた国土交通省（気象庁も管轄）の官僚ですら、さすがに呆れてこう証言した。

「現場の情報収集や本部設置などの判断は、まずは官邸の官僚がやります。でも、過去のほとんどの首相は『どうなっているんだ』『対策本部の設置が遅い』とか言ってきたそうです。ところが、今回官僚が決めたことを聞いても、首相は何も言わなかったそうです。対策本部の遅れもそうですが、要するに、発生初日、この地震を甘く見ていたということです。自衛隊派遣の決断が遅れたのもその一つと見ていい。地形がどうとかは言い訳にしか聞こえません」

官僚でなく、政治決断できる政治家を

この遅れを取り戻すために岸田政権は次々に対策を打ち出すが、危機管理としてはふさわしくなく、また災害現場とズレが出ている。

今回、現地に官僚を派遣して岸田首相はこう国会答弁したのだった。

「ミニ霞が関を作って素早い対応をする」

ミニ霞が関。まるで分かっていない。

法令に縛られる官僚ではだめなのだ。彼らの職務上の独自行動や臨機応変には限界がある。当然だ。彼らが公平性や法を超えて動き出したら国の統治は壊れる。

ということは、法や制度を破ってでもいま被災地優先でやるべきことを決断できるのは政治家以外にないのだ。その政治家を現地にトップとして置かなければならないのだ。

この国はその教訓を、1995年の阪神淡路大震災のときに、多くの犠牲と引き換えにしっかり得ていたはずだ。

「災害が起きたあとのことはすべて人災」――カミソリ後藤田の遺志

「天災は人間の力ではどうしようもない。地震が起きたことはどうしようもない。しかし、起きたあとのことはすべて人災だ」

これは、1995年の阪神淡路大震災発生直後に、危機管理のエキスパートである後藤田正晴元副総理が、右往左往していた自社さ政権の村山富市首相の元へ駆けつけて告げた言葉だ。

「だから生命最優先でやれることは何でもやれ。ルール違反だってかまわない」

そう叱咤したのだった。

後藤田氏から「すべて人災」「やれることは何でもやれ」と言われた村山首相は、「こんな自分でもやれること」を考えた。そして出した結論を、のちに村山氏は私に語った。

「自分は危機管理の力はないかもしれないが、すべての責任を取るということならできる。現場から離れた官邸では結局何も分からない。ならば現場に決定権を持つ政治家を派遣しよう。そこで現場にしか分からないことを現場ですべて判断してもらって、最優先ですぐに着手しよう。法律違反というなら後で法律を作ればいい。すべて現場で決め、その責任はすべて私が取る」

村山首相は連立のパートナーである自民党から小里貞利氏を発災3日後に担当相として現地に派遣し、陣頭指揮を執らせた。さらに当時、官房副長官だった官僚の石原信雄氏は霞が関の各省庁から事務次官クラスを選び、小里氏に付けて現地に派遣した。

つまり、現場第一主義、何でも現場で判断して決めることができる「もう一つの政府」を現場に作ったのだ。現地政府のトップは政治決断できる政治家でなければ意味がない。官僚では、法や制度に縛られるからだ。

そうやって、阪神淡路大震災は復旧に向けて現場が飛躍的に大きく動き出したのだった。

中央から官邸から、ああしろこうしろと言うのではなく、首相と同じ権限を持った政治家を現地に送り込んで、「もう一つの霞が関」ではなく政治主導の「もう一つの政府」をそこに作り、現場主義で、現場が決めたことをむしろ官邸は後方支援に回ってすべて実現させる。言うまでもなく責任についてはすべて官邸が、首相が持つ体制をとることが重要なのだ。「ミニ霞が関」と言った時点で、残念ながら岸田首相の危機管理への認識はアウトだ。

経験と教訓は岸田政権に生きていない

岸田首相は発生から14日目に現地入りした。自衛隊などを激励し、避難所2カ所の訪問と上空から様子を見て、90分。

時間的に短いとか、今ごろかとか、視察は重要とか様々な意見がある。ただ、そもそも首相が現地に入ると何が現場で生じるか。警備のために石川県警の警察官は大量に動員され、地元自治体などからも多くの職員が動員される。

石川県の被災地の市役所幹部は言う。

「警察官は本来、行方不明者の捜索や安否確認を最優先に、またインフラが回復していない中での交通整理などやることはたくさんあります。市役所の職員も市民のために対応しなければならないことが山のようにあります。視察対応はそれらのかけがえのない時間を犠牲にしています」

阪神淡路大震災では、時の村山首相は危機管理に長けた官房副長官らのアドバイスもあり、「総理が入ったら大変なことになる。行きたいが落ち着くまであえて行かなかった」（村山氏自身の回顧）。

新潟県中越地震の際は、第1次安倍晋三政権。安倍氏が現地に入ったことで、やはり現地では警備などに人手を取られ批判された。

東日本大震災の際は菅直人首相がやはり現地に入り批判を浴びた。これらの教訓を、岸田首相はまるで学んでいないのか。

国交省時代に東日本大震災対応などに当たり、現在は防災アドバイザーの元官僚は言う。

「たとえば、岸田首相が『被災地に負担をかけてしまうため、被災地へまだ入らない』という明確なメッセージを出して、視察をもっと後にやるということでもよかったはず。中途半端な視察は、被災者をむしろ落胆させ、失望させる」

今回、陣頭指揮をとり危機管理を最大限発揮しなければならない岸田首相だったが、その資質を疑わざるを得ない行動は多々あった。

また、岸田首相は1月4日の年頭記者会見を早めに打ち切った。司会者は、「このあと（公務など）予定があるので」と理由を説明した。

ところが何とこの後、岸田首相はBSテレビ番組に出演。立憲民主党幹部が唖然とする。

「4日はまだまだ安否不明者や生き埋めになっている人も多くいる中で、地震発生から生存率が大きく下がるとされる72時間を過ぎたとはいえ緊迫していた。テレビでは震災関連の話はたった の冒頭10分強でそのあとは延々と今年の政局を話す始末。信じられない。普通この緊迫した状況の中で、テレビ出演は断る」

翌5日には経済団体の新年会など3カ所に顔を出した。その際に防災服を着用していたのだが、その防災服の胸に招待者の赤いバラをつけて挨拶に登壇した。防災服の意味を分かっているのか。いま有事で多くの命が危険にさらされている中で、その陣頭指揮に立つ首相。だから着ている防災服。その胸に、何のためらいもなくお正月の会合の来賓の赤いバラをつけるなど「どういう感覚なのか信じられない」(前出の立憲幹部)。意見して制する側近すらいなかったのか。

地震大国日本は、この30年で大地震をいくつも経験してきた。国民の犠牲と引き換えに得たはずのあらゆる経験と教訓は、残念ながらこの政権に生きているとは言い難い。

能登半島地震では土砂崩れも多発した

第2章

政府が繰り返す「被災者とのズレ」

現場から遠く離れた官邸や政府は、現場や被災者の思いを把握もできず対策を打って「やってる感」に浸りがちだ。

実際、これまでの自然災害対応でもそれを繰り返してきた。そして、必ず現場の被災者とのズレが生じてきた。

2次避難を被災者はどう受け止めるのか

今回の能登半島地震。過去、度重なる大地震で得てきたはずの教訓を生かせず、やはり明らかに現場との乖離が露呈した。

たとえば「2次避難」——。

現地の避難所では水の不足、トイレや風呂の不便、災害関連死、インフルエンザや新型コロナなど感染症の拡大……。政府も石川県も2次避難を最良の策として当初から促したのだった。

岸田首相は1月11日の会見で、2次避難場所の確保に全力を挙げているとアピールし、語気を強めて促した。

「被災地では、寒い北陸の冬と長引く避難生活によって心身ともにつらい環境が続く。命と健康を守るためにもより安全な環境への2次避難を検討していただくことが重要」

ところが、実際に避難所に身を寄せている被災者で、その2次避難を選択した割合が極めて低かったのだ。

たとえば、地震から1カ月が経過した時点で、石川県によると、避難者は約1万3千人超。県は2次避難所として県内外のホテルや旅館などを確保し受け入れが可能になっていたものの、それらの2次避難所での滞在者は約4千人。これは全避難者の約33パーセントにも満たなかった。

輪島市に住む私の同世代の知人夫妻は、家屋が崩れ、輪島市の避難所の体育館に身を寄せていたが、電話で話を聞くと「2次避難？　ここでもう少し様子を見る。行くつもりはない」と話した。

理由はたくさんあるという。

まずは仕事。生計のためには現地で引き続き通わなければならない。

次に挙げたのがコミュニティ。住んでいる場所は自分も含めて高齢化が進み、互助的な付き合いをしてきた。その近所の人たちといま一緒にいて励まし合っている。不安な時にこそ共に過ごしたい。

そして何といっても、長く暮らしてきたこの土地を離れたくないと。

まわりの避難者の中には、こうした理由以外にも、介護で離れられない、2次避難所は食事や支援物資の提供が不安などの理由もあるということだった。

1月末に、私がコメンテーターをしている関西テレビの報道番組「ｎｅｗｓランナー」では、能登半島地震で大阪府が用意した公営住宅に2次避難してきた高齢の夫婦に密着取材した。

「家の土台が崩れた。断水が続いて余震も続いて」（73歳の夫）

仕事も辞めて大阪へ移ってきた。涙で声を詰まらせながら、しかし、その複雑な思いを語り続けた。

――故郷を出たくなかった？

「もちろんです」

この夫婦は、娘が大阪にいて、来ればいいと声をかけた。夫婦のそばにいたその娘が代弁した。

「（両親には）田舎ならではの出て行きたくない気持ちがある。私がいたから出てきただけで、いなかったら絶対に来ない」

自分の家を離れたくはないという思いだ。

簡単に2次避難と言うが、被災者の思いは複雑だ。

家が全壊し身内や近所に犠牲が出てしまった被災者たち……。前出の私の知人の避難者は言う。

「2次避難に回す予算を、今ある避難所の充実、たとえば簡易ベッドやキッチンカーや、その周辺にトレーラーハウス、医療チームの充実などに当てて、被災者が自由に選択できるようにはできないのか。確かに避難所は大変に見える。実際に苦労は多い。でもここにいたい。いられるために政府や県は何をしてくれるのか」

自主避難についてもこう話した。

「私たちがいるところは小学校の体育館だが、近所の公民館やお寺などに自主避難している少数のグループの高齢者たちもいる。共同で自炊している。家を片づけたり再建できるめどが立つまで、やっぱりその地域から離れられない。彼らに対して市は『いずれ物資の支援はなくなる。自主避難場所はいつまで行政が支援できるか分からないから公共の避難所への移動や2次避難を』と言ってきてるそうだが、2次避難よりそこにいれるように支援すべきじゃないか」

まだなかなか震災そのものを受け入れられない心の問題もある。故郷への思いやコミュニティへの依存もある。

こうした被災者の気持ちを考えれば、知人が言うように、まずは避難所をその場所にいられるように多様化し、質や生活レベルを上げることが第一ではないか。地震国イタリアなどでは、キッチンカーやトレーラーハウス、トイレなどを大量に常備している。

そして、現場にそうした環境をどうしても作ることができない場合にのみ、やむを得ず2次避難という選択が来るべきなのだ。岸田首相や県は、発災後10日ほどで早くももう2次避難を推奨していた。

私は過去の取材から、仮に、もし2次避難を促すならば、メッセージとのセットが絶対に必要だと思っている。

それは、被災した町や地域を、大まかでもいい、いつごろを目標に復興するかという見通しや、首相や首長の「必ず町を元に戻す。帰ってこられる。私が全責任を持つ。それまでの避難」という決意や覚悟のメッセージだ。

しかし、知人は、「首相や知事から被災者に『絶対元通りに』とか、そんな声は響いていない」と話した。

うわべだけの政府の「寄り添う」……

真の「寄り添う」とは何だろうか。

能登半島地震から約1カ月が経過して始まった通常国会。施政方針演説で岸田首相はこう述べた。

「政府・地元が一体となって被災者に『寄り添い』、生活となりわいをしっかり支えていく息の長い取り組みを続けていく」

また出た、安易に……。災害の際に、政治・行政が盛んに使う「寄り添う」という言葉が、またしても出た。

阪神淡路大震災以降、政府の対応と各地の被災地を取材してきて思うのは、この「寄り添う」という言葉の意味と欺瞞だ。

2次避難を一方的にやたら促したのも、本当に寄り添っていないから、被災者の気持ちが分かっていなかったからだ。

政治リーダーや政治家が軽々しく使うこの言葉の意味を改めて考えたい。本当の「寄り添う」とは、どういうことか。

岸田政権は、今回初動の災害本部立ち上げの遅れなどを取り戻さんとばかりに、次々に対応策を打ち出した。政策のプッシュ型と言ってもいい。

1月25日に政府が決定した「被災者の生活と生業《なりわい》支援のためのパッケージ」。生活の再建、生業の再建、災害復旧等の三つが柱で、被災した中小企業の復旧に石川県には最大15億円の補助などが含まれた。

また、観光振興のために一人1泊2万円を上限に「北陸応援割」の創設などもある。かつて新型コロナ感染拡大の際の観光事業支援のために「ＧｏＴｏトラベル事業」なるものが実施されたが、まだ被災地が混乱にある中でこれについてはさすがに早すぎるのではという批判も上がった。

また、石川県は仮設住宅の建設について、自宅が壊れて住めなくなった人たちに対し、3月末までに仮設住宅や公営住宅など約1万３０００戸を提供するとした。

こうした政府や県の全体の方向性は再建や復旧といった前向きなものが主体。それらはもちろん無意味とは言わない。

しかし、さあ頑張って、前を向いて、再建へ向けて政府は応援する……というのは、必ずしも被災者にとって喜ばしいものではないのだ。真の意味で「寄り添う」ことにはならないのである。

被災地では、災害のあとの再建へ向けてどんな心の問題が起きるか。

私の記憶に、ある強烈なシーンが焼きついている。東日本大震災の被災地の取材を続けてきた中でのことだった。

2011年3月11日。三陸沖を震源としてマグニチュード9・0、最大震度7という日本観測史上最大規模の地震が発生。今まで見たこともないような大津波が東北地方の多くの町と多くの人命を丸ごと呑み込んだ、あの大惨事。

地震から約2年が経過した2013年2月。その日、東北地方は雪に見舞われた。

被災地の一つ、岩手県陸前高田市を訪ねると、大津波が襲った建物の跡地や、未だに周辺に積まれたままの瓦礫の一部を雪がその上からすっぽりと覆い隠していた。

ところが、そんな景色にぽつんと立ってじっとしている男性がいた。

10分、15分、ただただ遠くを見ている。近づいて声をかけてみた。

この男性は、津波によって店舗も住居も失った商店主（60歳）だった。彼がいま立っているその足元には自分の店舗兼住宅があったという。

「現実を見て前向きにならなきゃいけないけどね。仕入れ先もお得意さんもみんな被災して全部失った。仮設（住宅）にいてもしょうがないから、毎日朝起きて、やっぱりここへ来て一日眺めています。ここに町があったなあと。辛いね。ただ今日は違う。瓦礫も荒れたままの宅地もこうやって雪が一面全部を真っ白にしてくれてる。この風景、一時でも震災を忘れられる」

このとき私は、震災から2年という節目をテーマに現地を取材していた。

だが、たとえばあれから1カ月だの、何年だのといった「時間の区切り」は、取材者である私たちが勝手に決めた時間軸でしかないことを思い知らされた。

この商店主は、自分が生きてきたこの場所を離れられず、ここに一日中立って、これから先どう生きるかを2年経過したにもかかわらず考え続けていた。結論はまだ出ていない。他の町へ引っ越すなどまだ先の選択であり、そのずっと手前にいた。そんな立ちすくむ彼の姿に、いま目の前で前向きになどといった励ましの言葉など到底かけられなかった。むしろ深く傷つける残酷な言葉でしかないと感じた。

突然に津波に襲われ、人生が破壊された。自らに罪などない。いつまで彼は住処だったその跡地に立ち続けるのだろうか。

彼自身が顔を上げるまで、仮設住宅もそのまま住み続けることができるようにして見守ること――。「寄り添う」とはそういう政治・行政の長い覚悟だと痛感した。

復興住宅は真の復興に非ず

また、これも東日本大震災でのことだ。

宮城県石巻市。国や宮城県は、震災後、仮設住宅や復興住宅の建設を急ぎ、被災者たちはそこに入った。

ちょうど地震から4年経った2月から3月にかけて、私は被災地を歩いた。

宮城県石巻市に大きなショッピングモールがあるのだが、そこへ毎朝、開店前からお年寄りたちが入り口前に並んでいた。彼らは開店と同時に中へ。

ところが、朝一番の野菜など買い物をするわけではなかった。

お年寄りたちは三々五々モールの中に設置してあるベンチに座った。そして一日、そこで過ごすのだという。

ショッピングモール関係者によると、こうしたお年寄りたちの多くが、長年連れ添ってきた妻や夫や家族を津波で亡くした人たちで、今は、仮設住宅や復興住宅で一人暮らしをしている人が多いのだという。

「座っている方に話を聞いてみると、復興住宅ができて確かに雨風をしのぐ場所は手に入ったが、これまで住んでいたところから移り住んできたため隣の部屋に住む人のことなど知らない。中に入るとたった一人。その部屋にいたくなくなるそうです。仮設住宅の場合、いったいいつまで住めるのか。年金暮らしはどんどん厳しくなってきている。精神的に追い詰められたお年寄りたちが、そこから逃れるようにショッピングモールに来て、黙って一日ベンチに座っているんです」（前出関係者）

また、石巻市の仮設住宅では、時を経て自力で何とか民間の住宅などに移り住んでいく人たちも出てくる。

一見喜ばしいことのように思えるのだが、逆に仮設住宅に残っている人たちにしてみれば、それをプレッシャーに感じて自分を不甲斐ないと思い込むようになり、精神的に不安定な状態に追い込まれるケースが多くあったという。

仮設住宅の見回り役の市役所職員がこう話していた。

「頑張れ頑張れ、自立しよう、復興しようというかけ声だけでいいのか。頑張らなくてもいい、ゆっくりでいいから自分のペースで昔を取り戻しましょうね、と仮設に残った人たちに声をかけるようにしています。仮設住宅は期限があるんです。でもそうは言えない。この仮設住宅はずっと使っていいんだからとその場では言うんですが、役所へ帰る途中で自分を責めます。戻ったら職場の上司に何とかして欲しいと頼む。市長に言って欲しいと。上司も頷くけど、『何年も仮設を残せない』と。そんな日々の繰り返しです」

仮設住宅といえば、過去の大災害では例外なくずっと尾を引いている問題もある。「孤独死」だ。

阪神淡路大震災から23年が経った2018年の1月。私は兵庫県で、仮設住宅よりも一段進んだ災害復興公営住宅での「孤独死」を取材した。

震災で家屋の倒壊や火災によって住む場所を失った被災者に対して、行政はまず仮設住宅を建設した。

しかし、その後、自力で家を再建できなかった人たちに災害復興公営住宅4万2137戸が2000年までに整備された。

ただ、建設された場所はある程度の広さの土地が必要だったため、埋め立て地や工業団地など、それまで暮らしていた町からは遠く離れたところだった。被災者たちはそこに移り住むことになった。

そして起きるのが、コミュニティの崩壊である。

「自宅を再建できなかった人は圧倒的に高齢者が多く、復興住宅に入った。しかし、隣近所の付き合いなどすべて環境が変わって、引きこもりがちになり、特に一人暮らしのお年寄りはその後に孤独死するケースなどが次第に多くなっていったのです」（兵庫県庁担当者）

私が現地に入った前年2017年の1年間。兵庫県内の災害復興公営住宅における孤独死は64人で、累計は1027人となっていた。64人の内訳はというと、65歳以上が実に85％を占める。死因の中には自殺が6人もいたり、発見まで1カ月以上かかったケースも多いなど、「地域とのつながりの欠如の象徴」（前出担当者）だった。その後、兵庫県内の孤独死は、復興住宅ができた2000年以降2022年までの23年間で、累計で1364人となっている。

東日本大震災でも事情は同じだ。

岩手、宮城、福島3県の災害公営住宅では、2022年までの12年間に465人の入居者が孤独死した（共同通信まとめ）。

被災者に対して、行政が復旧・復興を急ぐのは当然だが、たとえば復興住宅で雨風をしのぐ棲家はできても、一方で被災者の心が震災を受け入れ、その後の人生や生活習慣が変わっていくことへの準備には時間がかかる。

被災各県や自治体は、高齢者宅への見回りなどを行ってきたが、阪神淡路にしろ東日本にしろ、職員不足や予算の関係ですでに事業を終わらせているところが多い。

また、ボランティア団体による見回りなどが行われている地域も多いが、「震災からかなり時間も経ってボランティアも減り10年を節目に2年前にやめた」（宮城県NPO代表）。行政で人員を確保できないなら、民間などに助成してでも、長く一人暮らしの高齢者の見回りなどを継続していくのは国や自治体の責任だ。

100人が被災すれば100通りの被災がある。100人それぞれが現実や自分と向き合う。立ち直れない人もいる。再起へ向けて要する時間だってそれぞれだ。

何度も言う。彼らに罪はない。自然災害が突然彼らの人生を狂わせた。「寄り添う」というのは、「被災者一人一人が自身で決断するまで待つ。時間をかけてでも待つ」ことなのだ。

「寄り添う」を実践した自治体

2004年の新潟県中越地震、2007年の新潟県中越沖地震で、被災地の長岡市の森民夫市長（当時）が、「被災者に寄り添う」ことを第一に復興に取り組んだ例がある。

家屋が崩壊した地域住民に対して、市は災害復興住宅の建設を決め、高台に土地を確保して移転してもらうことにした。

ところが、急がなかった。住民が移転を決意するまで、待ったのだ。市は、住民たちの会合のたびにそこへ専門の民間アドバイザーを雇って参加させ、住民たちと接触し、心のケアや集団移転の疑問点に答えるなどした。

そして、実に約5年後にようやく住民たち自身が住んでいた場所を離れることを決意した。そこで初めて、復興住宅に移っていったのだった。

「時間をかけることは、通常の復旧・復興を急ぐという行政の慣例とは矛盾するかもしれませんが、それまで暮らしてきた場所を離れることを住民自身が決心して初めて前へ進めるのではないか。自分で時間をかけて決めたのであれば、その後、復興住宅に移っても何とか前向きに頑張って生活できる。待つとか寄り添うというのはそういうことではないかと思います」（長岡市役所担当者・当時取材）

当時の森市長は、待ち続ける意味をこう話した。

「やっぱり自己決定という形に持っていきますと、しっかりするんですよね。被災者のみなさんに対しては選択肢をできるだけ渡して、最後の最後に自分で決定したって気持ちがあれば、そのあと強いですよ。自治体や行政は、帰ってもいい、帰ったらこんなことはしてあげられる、でも戻らなくてもいい、戻らないならこんなことがしてあげられる、移ると決めたなら移っていい、移る場所はこんなことを用意していると。住民のみなさんが決めるためのいろいろな環境整備をするのが政治・行政の役目です。それを上から押し付けるとか、ここへ住めとか、急いで片づけろとか、それだともう不満が残りますよね。『寄り添う』とか『現場主義』っていうのはそういうことなんです。それが僕はキーワードだと思います」

自治体のトップである首長や政府のトップである首相が「待つ覚悟」を決めればやれる。長岡市は本当の「寄り添う」を実践した。称賛すべき、そして政治・行政が見習うべき実績である。

政府支援金の落とし穴、「予備費」の正体

能登半島地震では、岸田首相は積極的な財政出動を実施した。

1月26日の閣議では、2023年度予算に計上されていた予備費の中から1553億円の支出を早々に決め、被災者や避難所への支援、中小企業の工場や店舗の復旧などに当てるとした。

「震災対策に予備費1500億円。できることは何でもやる」(岸田首相、施政方針演説で)以降も、岸田首相は能登半島地震復旧・復興支援本部の会合で23年度予備費からの追加支出も指示。

さらに、2024年度の予算案の予備費を1兆円規模に倍増。被災状況を見極めながら順次国費を投じていくとして、国会の代表質問で岸田首相は、「今後とも切れ目なく機動的、弾力的に財政措置を講じていく方針だ」と強調した。

だが、過去の災害における政府支援の国費の支出には大きな落とし穴があった。本当に、有効な支援となってきたのか。

当然だが、政府のお金は公費。使う際には法的・制度的ルールや制約が必ずある。「予備費」と聞くといかにも自由に使えそうに思ってしまうが、そうは行かないのだ。

確かに、予備費は、予《あらかじ》め中身や項目が定められた予算とは違って自由度はある。必要に

応じて支出しようということになるが、そこはあくまでも国の予算だ。やはり公費である以上そのたびに政府内で法律や制度と照らし合わせて、使えるかどうかを精査した上で支出するということになる。

もちろん法に反していれば基本的に支出できない。それでもどうしても必要と判断された場合であっても、法改正や制度変更など手続きには時間がかかる。

結果的に、被災地が本当に使いたいときに、使いたいところに、実は自由に使えないということが起きる。

たとえば、２００７年の新潟県中越沖地震ではこんなことがあった。

地震で、地域の「寺」が倒壊した。

宗教的建造物の修復などに公金を入れることについては、憲法でも宗教団体に特権を与えることを禁じ（20条）、宗教上の組織や団体に公金を支出することを禁じている（89条）。「政教分離」の観点もある。

全国の自治体の中には、その地域の文化的施設という観点や、地域住民の理解など宗教色がないという立証のもと、修理の補助などをしているところもなくはない。ただ、やはり議会では大議論となったり、住民監査請求が起こされるなど問題は大きくなる。実現したとしても時間がかかる。

新潟県中越沖地震で崩れた、その「寺」――。

ところが、この寺は、地域で暮らす高齢者などが集う重要なコミュニケーションの場だったのだ。

何とか一刻も早く公金で再建したい。しかし、理由づけも必要で時間もかかる。

この寺だけではない。同じように、復旧したいが公金を投じるには規制があってなかなか進まないものは、民間の施設など他にも多くあった。

財団法人の「復興基金」を作った

そこで、新潟県や長岡市などでは、自治体の知恵で自治体の首長以外に民間の有識者なども参加しての「復興基金」の仕組みを作った。財団法人という形にしたのだ。

支援の出資については、地方自治体が直接管理するのではなく、財団法人が運用、管理する仕組みとすることで、支援メニューが拡充可能となったり、その意思決定も速くなる。また、営利行為に関わる支援など、普通だと行政が支援しにくいメニューの検討も可能になった。

国の復興交付金のように拘束された事業にはない現場の知恵が入る。いろいろと縛られることなく地域で使い道が自由に決められるというわけだ。

資金については、あくまでも県や市町村が国の許可を得て地方債の発行によって独自に作った。国費がそこへ丸々投じられたわけではない。

財団法人の復興基金は、この寺について議論した。

「宗教施設だが、地域の人のよりどころになっている。もちろん再建すべきだ」

即、再建へ向けて支出が決まった。

地震対応と復興の先頭に立った当時の森民夫元長岡市長は、こう話した。

「国から出ているお金ということになれば公金ですからね。復興のために市町村なり民間企業なりが何か事業を考えても、厳しいチェックがあると思うとやっぱり臆病になる部分がある。国からのお金を思い切って被災地の使いたいように運用するのは元々無理があるんじゃないかとも思います。僕たちが作った基金制度がすごく役に立ったんです」

この「復興基金」はこんなところにも使い道を決めた。

たとえば全村避難をした当時の山古志村（現在は長岡市）では、バス路線の営業が成り立たなくなり廃止になったが、住民がＮＰＯを立ち上げ、住民組織でマイクロバスを使ってバスの運営を始めることを計画。すると「復興基金」がマイクロバスの購入費や運転手の人件費を出すことを決めた。

また、当時の映像の記憶が残っている方も多いと思うが、山古志村の牛をヘリコプターで吊り上げて救出した。家畜やペットなど人命救助以外に自衛隊や消防などが出動するのは難しいが、あれも実は「復興基金」で行ったという。

ちなみに基金制度がなかなか作られなかったその後の東日本大震災では、福島県で家畜が現場で首をつながれたまま餓死したり、共食いしたりすることもあった。

「自由度が高いお金があれば、現場しか分からないような重要なところに使えるわけですよね。効率的だと思います。国がそんなもの必要なのかと言うかもしれませんが、だけどすごく大事なものなんですよ、コミュニティの場にしろバスにしろ復興のためには。そういうものにもちゃんと使うことができたわけです」（森元市長）

こうした基金制度は、自治体の工夫や努力で、雲仙普賢岳災害、阪神淡路大震災、北海道南西沖地震、東日本大震災などでも作られたが、災害はそのたびに規模も違い被害も違う。このため、基金制度もその災害ごとに自治体それぞれに立て付けも違い、地方債ではなく義援金や寄付で原資を作ったものもある。

VS財務省、「公金は逆転の発想で」

東日本大震災の際に、復興に尽力していた宮城県が地元の自民党の小野寺五典元防衛相は、当時こう話していた。

「基金制度を政府に相当要求しました」

東日本大震災のときは旧民主党政権、自民党は野党だった。

「新潟県中越地震のことを知っていましたから、その経験を生かして基金にしてほしいと。そうすれば自治体がすぐ対応できるわけですよ。でも財務省が基金制度というのを最後まで嫌がりました。やっぱり自分たちの手が及ばなくなる、口が出せなくなる。これを一番役所は嫌うので、結局『今回これだけ大きな規模の災害だから、莫大なお金を扱う基金制度は無理だ』と。財務省や財務省の言いなりだった（旧民主党）政権をやっぱり崩せませんでした。ですから最終的には交付金という形になってしまったんですね」（小野寺氏）

財務省の壁があったということだ。

「交付金であってもどんどん被災地からこれをやりたいと提案してくれれば自由度は高いと政府は言いましたが、結局は省庁が認めたり指定した事業に限られる。その狭間とか、またがった事業とか、そういうものを被災地の自治体や民間の人たちが国に申請すると、毎日毎日ぶつかって省庁の間を駆けずり回って交渉したり、門前払いを食ったりしているわけですよ。交付金そのものだって、それを使いたいなら査定をしてもらったり、許可をもらうために毎日毎日その書類と文書書きをやっているんです」（小野寺氏）

財団法人化によって、自治体の公金の使い道の自由度を高めた前出の森元長岡市長が、支援金のあり方についてこんな見事な表現をした。

「災害時には、僕はやっぱりコペルニクス的な展開、逆転の発想が必要だと思っているんです。復興基金っていうのは、言葉は悪いかもしれないけどちょっと怪しげなものも入ってくるわけですよ。でもそれが本当に役に立っているならいいじゃないかという風に思えば、公の金も生きる。公金で、しかも限られた予算の配分の中であまり不公平をやっちゃいけない、それは分かります。でも、そのために使い道をいちいちチェックしてやるとすれば、それはもう小学生以下でしょう」

――小学生以下？

「お小遣いを渡すときに高校生くらいになれば、これだけあげるから自分の工夫でやれと。失敗するかもしれないけど失敗したら君が損するだけだよっていう教育があるじゃないですか。親と子の関係を国と市町村に置き替えたくはないけど、分かりやすいたとえ話ですよ。霞が関の、特に財務省の目から見るとこれはいかがなものかというのが出てくるかもしれないけれども、そちらの方が結局は合理的で理にかなうんです」（森元市長）

岸田首相は、国が主導で能登半島地震の支援について予備費を23年度予算から、さらには新年度予算でも確保したことを自負するが、国がその使い道に関わるお金は現場のニーズとずれるということを過去の災害は教訓として残してきた。

予備費などという項目ではなく、「これだけの額を、復興基金制度を作ってそこにつぎ込む」「使い道は地元自治体が決めていい」といった対応はできないのか。

そんなことをすれば財政規律が崩れると、霞が関は当然後ろ向きになるだろう。だが政治主導で、トップが決断すればやれる。

今後の災害に備えて、復興基金の制度設計を政府や国会議論で決め、そこへ自由度のある公金投入の仕組みを作ることをぜひ政治主導で実現すべきだ。

年々激しさを増す台風被害

第3章

災害対応も「安全保障」である

地震だけではない。地球温暖化と世界規模の異常気象。それがもたらす豪雨や猛暑も、もはや有事だ。

にもかかわらず、多くの犠牲を出しながら、その教訓はまだまだ政治・行政に生かされていない。

自然災害に無防備な政府

豪雨は、安倍晋三政権時代にその被害が顕著になってきた。

2014年の広島豪雨災害や2017年の九州北部豪雨、2018年の西日本豪雨、2019年の台風に伴う千葉・房総の豪雨、2020年の九州豪雨……。

中でも2018年7月、西日本を中心に襲った豪雨により、日本の政治・行政が「雨」を脅威ある自然災害と認識していないことがクローズアップされた。

7月5日夜に、気象庁が過去に例のないほどの厳重な警戒を呼びかけた。

気象庁はこの日、何度も会見。午後8時には近畿地方で3万7千世帯に避難指示が出され、土砂災害警戒情報は、長野、石川、岐阜、大阪、兵庫、広島、岡山、徳島、福岡、長崎など18県、そしてすでに神戸市や岐阜県高山市では土砂崩れも起きていた。

しかしここで、「雨」を完全にナメきっていた政権幹部や与党幹部など、政治家の実像が露呈した。「雨も大災害」という概念が完全に抜けていたのである。

安倍首相は総裁選3選の票固めもあり、この日の夜、東京・赤坂の議員宿舎で開かれた自民党議員による「赤坂自民亭」と名づけられた親睦会に出席。

そこには党三役の竹下亘総務会長や当時政調会長だった岸田文雄氏、オウム真理教事件で翌日の死刑執行を命じたばかりの上川陽子法相など、40人が参加して酒を酌み交わした。その喜色満面、和気あいあいとした写真を何とSNSにアップしたのが、同じくその場にいた官邸の側近でもある西村康稔官房副長官だったのだ。

危機管理の中枢である官邸の官房副長官が、酒の席の写真を上げること自体、災害に想像力を働かせ危機意識を持つべき政治家の資質に反する。気象庁が最大級の警戒を呼びかけた、まさにその日の夜のことだった。

安倍首相に近いベテラン議員でさえ、「百歩譲って、政局でどうしても大事な会合もあるかしれない。しかし危機管理が迫られている中で、あんな写真を上げるなど考えられない。しかも西村氏は危機管理の官邸の官房副長官。呆れてモノも言えない」と吐き捨てた。

西村氏をはじめ参加していた幹部らはその後は一様に「会合を自粛すべきだった」などと謝罪したが、「何をいまさら。過去にない大雨という警告は出ていたのに、危機感ゼロだったことはどうやっても言い逃れできない」（立憲民主党幹部）。

「未曽有」で逃げる政治家

参加していた竹下氏は9日の会見で「どんな非難も受ける」と謝罪。しかし、そのあとの一言が自然災害に対する政治の感覚を象徴していた。

「正直これだけ凄い災害になるとは予想しなかった」

予想できなかった――、これは災害対応を果たさなかった際に必ず出る常套句だ。言い訳だ。

政治・行政は、大きな自然災害が起きるたびに「未曽有の」「かつてない」「想像を超える」といった表現を使うが、その背景には自然災害は予測不能という怠惰や責任回避がある。自然災害だから仕方ないという感覚こそが本質的な問題だ。

政治家全体の自然災害に対する意識が低く、政策的使命を何も果たしていないということだ。

そして付け加えるなら、振り返ってみればその席には、笑顔で写真におさまっていた現首相や次期女性首相候補と騒がれている御仁もいた。この国の危機管理は大丈夫か。

なぜ防災専門の政治家は育たない？

それにしても、どうして安倍政権は災害に対して鈍かったのか。いや、実は歴代政権がずっとそうだったのかもしれない。

日本の政治史において、日本は地震、台風、大雨などによる災害大国でありながら、災害への対応がまるでなっていない。

赤坂自民亭批判の中、安倍首相に近い自民党ベテラン議員がこんな本音を漏らした。

「結局、災害はいつ起こるか分からない。それに対してかなりの時間や人員、体制、予算を費やしてずっと備えてやっていくのは政治的な費用対効果が低いということでしょう。災害対応はやっていて助かってもそれが当たり前、褒められはしないし、一方で失敗すればそのときは何をやってたんだと非難囂々《ごうごう》。票にもならないし手間がかかる。手を出したくないということだ。そんなことをやっている時間があるなら、外交や他のことで得点を稼いだ方がいいということ。さらに災害は失敗しても『想像を超えた』『未曽有の』などという言い訳が通用するんです。だから真剣にやらない」

これが災害に対する議員の本音だ。愕然とする。

防災に政治生命をかける政治家はいないのか。個々の政治家にそうした意欲がないというのなら、では党として専門性のある部局を作り、防災専門の政治家を育成すべきではないか。

「雨」を軽視する政治の人災

西日本豪雨で「雨」を軽視していたのは酒の席の写真騒動だけではない。総務省の現役官僚は「正直、初動が遅れたということは否めません」と私に言った。

気象庁は、週の初めの2日ごろから早くも「週末にかけ記録的な大雨となる恐れがある」と繰り返してきた。

そして、異例の会見で厳重な警戒を呼びかけたのが5日の午後。だが、首相官邸が連絡室を設置したのは6日、関係閣僚会議の開催は7日で、災害対策基本法に基づいた非常災害対策本部を設置したのは8日の朝だった。

ところが、7日ごろから岡山県倉敷市の真備町で河川が決壊して大浸水し、救助を求める多くの市民たちの様子も伝えられ始め、その他がけ崩れによる行方不明者も出始めていたにもかかわらず、8日に対策本部設置とはあまりにも遅すぎる。

さらに、安倍首相の命を受けた防災担当相が現地に入ったのは9日。とにかく初動が遅かった。

「対策本部の立ち上げが遅かったんです。7日の時点で、岡山県真備町はもちろん、がけ崩れなど行方不明者も増えていました。被災地の自治体は混乱し、官邸との連絡・指示系統などを一元化して欲しいという要望がうち（総務省）にどんどん来ていましたから。7日の午後には対策本部を作るべきでした」（総務省担当幹部）

過去の対策本部設置を見てみると、東日本大震災や熊本地震などの「地震」の場合は直後に設置していたが、「雨」の被害の際は堤防の決壊やがけ崩れなどの状況を見極めて数十時間後に設置しているケースが多い。

この時も「雨」だから様子を見たという可能性が高かったが、それこそが教訓を生かしていない想像力の欠如だ。

民間シンクタンクの防災研究者がこう指摘する。

「安倍政権下で何度も教訓があった。2014年に豪雨で広島で土砂が崩れ70人以上が死亡。2017年の同じ時期には九州北部豪雨で40人を超える死者行方不明者が出ている。どちらもかつてない豪雨だが、言い換えればもはや豪雨は日常的になっているという感覚にならなければいけない。これまでのように、雨の場合の対策本部を立ち上げるタイミングも、様子を見ようというのでは遅いし、犠牲が出る。なぜそれを教訓として今回早く立ち上げなかったのか」

防災専門家らが過去の教訓として常に指摘するのは、第1章でも指摘したように、災害対応で最も重要なことは現地に素早く、いわば「もう一つの政府」を作ることである。災害というのは、現地で起きていることはやはり現地にしか分からない。現地ではいったい何が最優先事項なのか。それを被災地から遠く離れている東京の官邸であれこれ指示したところで、現場が求めているものとはミスマッチという結果になってしまうことが多いからだ。

このとき、現地への政治家派遣も重大な警戒呼びかけから4日目、被害が出始めてから3日目と遅かった。

強権政権にモノを言えなかった官僚

また、前出総務官僚は当時の強権の安倍官邸の様子について、こんな背景も話した。

「役所（省庁）にもいろんな意見がありますが、官邸、首相やその周りが強くてモノが言いにくい空気は政権が長くなるにつれて強くなってきています。7日に本部を作ったほうがいいという声は省内にはありましたが、じゃあ誰がそれを言うのか。相手も直接は官房長官（菅義偉氏）には言いにくい。ならば官邸にいる官僚ということだが、その方々も首相周辺には気を遣っているので話が通るのか……。そうこうしているうちに時間だけが経っていくということです。強権なら政治主導で防災対策をどんどんやればいいのに、逆に風通しが悪くなってしまうこともあるんです」

さらに、安倍首相が被害拡大からわずか3日しか経っていない10日に、早くも現地入りした件についても触れた。

「気持ちは分かりますが、現場の市町村職員も警察も視察の対応にかかる。その余力があるなら災害対策そのものに回りたい。2年前の熊本地震のときには、現地の自治体やうち（総務省）、それに官邸にも何とか根回しができて安倍首相の現地入りを約2週間延ばしました」

私は以前から、長く官邸で官房副長官として危機管理を指揮した官僚の石原信雄氏を取材してきたが、危機管理において石原氏は物怖じせず首相や政治サイドに進言していた。

この総務官僚に、災害時にモノを言えない官僚の姿勢を問うと、「豪雨はもはや当たり前。必ずまた起きる。きちんと言えるようにしたい」と反省を口にした。

河川対策が決定的に遅れている

迷走する豪雨に対する危機管理の課題はまだいくつもある。

豪雨災害のポイントは「河川」だ。

日本の場合、大小の河川、そこへと繋がる河川があり、急な勾配や水田などの広範囲に網の目のように流れが張り巡らされている。ここがひとたび氾濫すると、人命を奪い、町や生活を破壊する。

その「河川」で、まず早急な課題はバックウォーター対策である。主流の水の量と勢いが激しく、そこへ繋がる支流の水が押し戻されて溢れてしまう現象だ。

2018年の西日本豪雨は、14府県で300人を超える犠牲者を出した。被害が大きかった岡山県真備町では、このバックウォーターが氾濫の原因だった。

西日本豪雨だけではない。2020年の九州豪雨でも、熊本県の特別養護老人ホーム「千寿園」で氾濫によって14人が死亡。これも近くを流れるメインの球磨川と支流間で起きたバックウォーターが原因だった。

九州の私立大学土木工学専門の教授はこう話す。

「国交省などが呼び掛けているバックウォーターの危険箇所は全国で2000カ所以上あると言われているが、実際はその倍以上ある。政令市などの小さな河川や支流を中心に独自に調査しているが、市町村や国交省の危険箇所として公示されていないところが全国にはまだまだある」

旧知の気象予報士・防災士の一人もこう話している。

「バックウォーターは、豪雨が日常的になったこの6〜7年の間に実は全国100カ所以上で起きている。政府や地方自治体が本腰を入れて分析や対策をなぜ早く進めなかったのか。国交省の河川管理部署に訊ねたら、護岸工事や水を逃がす別の水路を作るなど予算がなかなか取れないと言い訳していた。そんなことでは犠牲が出続ける」

前出の教授は、「国交省や自治体の調査や工事は時間も費用もかかり期待できない。ならば大学などに補助金を出して全国各地の大学の土木部や工学部が研究目的で調査し、それを行政がまとめる官学の体制を作るのはどうか」と提案する。

一本の川を一括管理せよ！

そして「河川」のもう一つの大きな課題は管理の仕組みだ。

国内の「河川」は、具体的には一級河川については国交相、二級河川については都道府県知事、準用河川については市町村長が責任者と、河川法に定められている。

だが、それらの川は互いに繋がり流れ込んでいるものも多いため、一本の川という概念が必要なのではないか。

かつて私が防災関連で取材した埼玉県内を流れる二級河川と準用河川では、こんなことが起きていた。

一本の川で、ずっと護岸工事が施されているのに、ある橋の先は土と雑草のまま。要はその橋のところから県と市と管理が変わって、護岸工事などが一括して進められていないのだ。豪雨で水位が上がり川の水の量が増えると、コンクリートで固めているところは一気に流れて、工事をしていないところで一気に水が溢れることになってしまう。

そうした問題のある管理体制に加えて、相変わらずの「縦割り行政」も重なって被害を大きくする。

福岡県久留米市では筑後川の支流の川の水が溢れ出し町の一部を襲ったが、何とその原因がいつもながらの行政組織内の連携の欠如、縦割りだったのだ。

「水位が増し国交省河川事務所が支流の水門を閉めたところその水が溢れたが、河川事務所は水門を閉めたことを市民に告知しなかった。事務所の言い分は『閉めるのが仕事。避難など告知は市町村の判断』と。過去、国交省と市町村の連携がうまく行かず市民が逃げ遅れたケースなどが何度もあるのに、そうした連絡体系の見直しなどはできていない」(地元の久留米市議会議員)

たとえば菅義偉前首相は、在任中に上流のダムを管理して水量を調整するなど一括管理に一歩踏み出した。だがその後、現場ではうまく活用できていない。

河川の一括管理体制の構築は絶対に必要だ。

もはやこれまでの「台風」ではないという意識の欠如

近年の自然災害で、その質が大きく変わり、もはや最大警戒級の災害と言えるのが「台風」だ。２０１８年から19年にかけて国民は生活を直撃され、それを強く実感した。

ところが、政治・行政は甘い。

「どう構えていたか？　もちろん態勢は取っていたが、〃いつもの台風〃……。正直に言うとそんな表現が正しいかもしれない」

２０１９年９月９日の未明にかけて、千葉、神奈川などを襲った台風15号は、猛烈な風によって甚大な被害につながったが、当時の安倍政権幹部の一人は実質的に「甘かった」ことを認めたのだった。ここでも、政権の初動は明らかに遅れ、政府がやるべきことをやれていなかった。

特に当時の安倍政権は「安全保障」を看板としてきたが、そもそも国民の生命・財産・郷土を守るという意味では災害対応も安全保障とまったく同じだと私は位置づけている。

災害において命を奪う敵は「自然」だ。たとえば他国との戦争なら相手があることだから駆け引きや交渉だってできる。しかし、自然相手ではまったくそれができない。不意に想像以上に、どこから襲ってくるかも分からない敵である。

政府にその意識はあるのか。自然災害は別物と考えているのではないか。「予想できない」とは言い逃れだ。その間にどれだけの人命が奪われれば済むというのか。

近年の台風被害を検証してみたい。

旧知の気象予報士の解説をもう一度掲げたい。

「温暖化や異常気象の中で、確かに年々台風の質が変わってきている。コースもまったく逆に進むこともあるし、勢力や雨の量や風の強さもそう。2018年の大阪の台風のときの風も異常で大きな被害が出た。また、2019年のコースは、ギリギリまで東京湾の海(=水)の上にいて、そこからいきなり上陸したから勢力は衰えないままやってきたという特徴もある」

その強風が電柱や送電線をなぎ倒し、家屋の屋根を飛ばしたのだ。

千葉、神奈川の被害は〝大規模停電〟と〝家屋被害〟という二つの要素が重なった新たな形の「風」という自然による、いわば都市型自然災害と名づけてもいい。それだけに、教訓は数多く残された。

停電は民間の電力会社、そして家屋損壊も損害保険会社などこれまた民間の対応の範疇だ。このため政府や自治体などの行政はどこまでそこに介入し、どの範囲に公的支援をしていくのか線引きの判断が難しい部分もある。しかし、それは本格的な復旧に関する部分だ。

災害が起きた直後の命の危険にさらされる被害への対応や、停電下における高齢者保護や緊急の生活支援などに関するいわば初動は、間違いなく政府や地方自治体など行政の責任なのに、政治・行政の初動は明らかに遅れ、やるべきことをまったくと言っていいほどやっていなかった。

「いつもの台風」でいいのか

大規模停電は、台風通過当日の9日には始まっていた。だが、政府の最初の災害対策会議は翌10日の午後2時半。安倍首相を中心とする関係閣僚レベルの会議は開かれていない。

そして、さらになんと翌11日には、安倍首相は当初の予定通り内閣改造人事を行ったのである。

皇居での大臣の認証式や記者会見などに一日中追われ、2回目の災害対策会議が開かれたのは12日。そして、ようやくこの日になって新しい関係閣僚の面々が初めて千葉県入りしたのだった。

前述のように政権幹部の一人が「いつもの台風」と漏らしたことは、このように初動が甘かったことを認めていることを意味する。

政府がやるべきことは何だったのか。

まず、問題は台風が去った直後の対応だ。それは、被災地に政府の拠点、それも現場が必要と思ったら、それを実現できるという体制を最優先で作ることだ。

第1章で阪神淡路大震災の例を挙げたように、「もう一つの政府」を現場に置くということだ。そして、現場でモノを決めることができる権限を持った政治任用のトップ（政治家）を置かなければならない。まず一番にこれをやることが絶対的に必要だった。

当時、野党やマスコミの批判は「当日に組閣とは。災害の最中に防災担当の大臣を代えるなど信じられない」（立憲民主党幹部）という理屈で、現地に派遣すべき担当大臣が決まっていなかったことを指摘していた。

その批判にも確かに一理あるが、実はたとえ人事の最中でもやれたことがある。それは何も大臣などでなくてもいい、経験のある政治家に特命と権限を与えて、現地に派遣して張り付かせればよかったのだ。

政治家を現地に置き、トップに据えることには重要な意味がある。

現場の自治体の公務員は、平等性や法律を勝手に超えることはできない。

たとえば、東日本大震災でのケースだが、避難所用の毛布が自治体に500枚届いたが、それを一カ所に配ると他の避難所から批判が出る。ならば毛布の数が全部揃ってから一斉に配ろうということになった。平等を意識せざるを得ない公務員はそう対応してしまう。

しかし、政治家、しかも政権が派遣した政治家がトップにいれば「自分が責任を取る。高齢者の多い避難所など配れるところからやれ」と政治決断ができる。公務員もそれがあれば動ける。現地に政治家を送ることの重要な意味とはそこなのである。

組閣のタイミングだったから防災担当相や停電担当の経産相が決まっていないことなど関係ないのだ。時限で誰かふさわしい政治家を派遣できたはずだ。

たとえば、私は入閣外の小野寺五典元防衛相などを千葉災害特命として現地に派遣できたのではないかと思う。

小野寺氏は地元が東日本大震災の被災地である宮城で、自衛隊派遣も専門だ。小野寺氏が現地に陣取って、必要なものをどんどん決断する。官邸はそれをバックアップして首相はその責任を取る——。その体制は組閣に関係なくできたはずだ。

もし現地ですべて決められる体制だったら……と、千葉県の君津市幹部は言った。

「たとえば、現地の優先順位は停電をカバーする電源車だった。これは全国からかき集めなければならないが、地方自治体が管轄している電源車は出動規定がある。超法規的にそれを破ってでも出すことができたかも。あと壊れた屋根を覆うブルーシート。これも届いたのが遅かった。作業が危険で落下して死者も出ているが、自衛隊や国交省に現場から指示してもらって、専門職人を派遣してもらえたかもしれない。現地が分かる政治任用の誰かがいて権限を振るって欲しかった」

災害時の情報公開の失敗

もう一つ、千葉・神奈川の台風被害では災害時の危機管理の情報公開が酷かった。

第1章の能登半島地震でも指摘したが、有事の際の危機管理は、常に最悪の状態をまず想定して、そこから次第に狭めていくという、通常の行政手続きとは真逆の対応をしなければならない。有事の際の情報公開もまた同じなのだ。

東京電力の記者会見では「明日には復旧」、「いや数日かかる」、「いや9月終わりまでかかる」と連日日数が長くなっていったが、これまた情報の出し方について無知である。

まずは、「最悪で何日かかる」とした上で、復旧に合わせて「いやそこまでかからない」と修正して行くべきなのだ。

東電はこの逆をやった。これによって復旧まで頑張ろうとスケジュールを立てていた被災者の心労に追い打ちをかけたのである。

私が経産省に問うと、「情報の出し方など危機管理については電力会社を指導し研究改善していく」と話したが、その後のあらゆる災害の情報の出し方を見ても不十分なままだ。

２０１９年の台風のあと、秋の臨時国会で国交省幹部は対応を追及され、「過去に例のない台風」と再び口にした。

逃げだ。例がないのではない。長く、あらゆる数多くの自然災害の教訓を得ていながらそれを生かさず、想像力も発揮できていない政権や政府の防災対応の甘さを白状しているようなものだ。

「猛暑」も脅威の自然災害だ

顔を合わせれば「暑いですね」と挨拶を交わす。

近年夏になると、テレビの情報番組や報道番組は一日中「猛暑や熱中症からいかに身を守るか」を放送し続けている。「夜もクーラーをつけたままで」「外へは出ないほうが」などなど。

そんなことを繰り返しているだけでいいのか。ここ数年の暑さは常識レベルを超えている。熱中症による死者は増大している。

豪雨や台風と同じように「猛暑」もまた同じ自然災害だという意識が、政治・行政には欠けている。マスコミも意識の更新が必要だ。

国民の生命を守るというのが国家的な政治の使命だ。なのに、暑さ対応だけは相変わらず「個人個人で身を守るもの」という政治の無関心が私には引っかかる。

「豪雨と『猛暑』は表裏のようなものなんです。原因は一つ。地球温暖化で海水温が上がり、それが湿った空気となり豪雨に。同時にもちろん気温そのものも上がる。『猛暑』です。温暖化による異常気象は特別なものだという表現は当たらない。もはや恒常的になって異常ではなく当たり前と思って今まで以上のステージで対策が必要です。豪雨と背中合わせの『猛暑』にも新たな取り組みが絶対に必要です」（旧知の気象予報士）

熱中症が過去最高を塗り替え始めた

私が猛暑を自然災害の一つとして本格的に取材し始めたのが２０１８年。まずは、その年の猛暑災害はこうだった。

７月16日から22日までの１週間に熱中症による全国の死者数は何と65人、救急搬送数も２万２６４７人で過去最多を記録した（総務省消防庁）。

しかも、これは速報値だったため、その後の熱中症が原因とみられる死者数を加え、さらにその１週間後も加算すると死者数はその時期に「１００人は優に超えた」のだ。

7月、愛知県豊田市では小1男児が熱射病で死亡した。この日は校外学習が実施され、その際に男児は「疲れた」と訴えたが、教室に戻った後しばらくして意識を失い病院に運ばれたが死亡した。

教室にはクーラーはなく天井の扇風機だけ。学校によると室温は37度だったという。この日は最高気温35度以上が予想され「高温注意情報」が出されていたが、「中止する判断はできなかった」(学校側)という。

問題は学校にクーラーすらなく、教室に戻った後も高温の中で男児が回復しなかったということだが、実はクーラーに関して先例があるにもかかわらず、そこには政治・行政の怠慢があった。

実は2015年に、埼玉県所沢市では、市立小中学校へのエアコン設置の是非を問う異例の住民投票が行われた。賛成が反対を2万票以上も上回った。

きっかけは市長が「便利さや快適さから転換すべき」とエアコン設置に慎重姿勢を示し、これに対して保護者や市民が「子供の健康を守るべきだ」と反発し、住民投票となったのだ。結果を受けて市長も一部設置へ転換した。

この地域は、自衛隊基地の騒音問題があって窓を閉め切らなければならないという特殊事情もあったが、この住民投票は、政治の分野で「小中学校とクーラー」という問題を考えるいい機会だったはずだ。

ただ、にもかかわらず文科省によると、全国の公立小中学校のエアコン設置率は所沢市の住民投票から2年も経過した2017年段階でも49・6％と、半数にすら達していないという遅さだった。

所沢市議会の設置推進派議員が当時の背景を振り返りながらこう話す。

「このころすでに異常気象で猛暑が日常的になっていた。もともと公立学校の建物の改修工事などに予算が取られている中で、クーラー設置となると数十億はかかるから、市としてなかなか捻出できないという実情がある。しかしそれだけではない。意識の問題。雨だけでなく猛暑も災害なのに、自民党の市議などの中には、『暑さに耐えるというのも教育』などと言う人が厳然と存在する。あのとき全国の教育現場では話題になったが、もっと議論して全国に発信してよかった」

クーラー論争がきっかけとなり、どうしてその先へ、いずれ来る猛暑対策へとの想像が政治の舞台に生まれなかったのか。そうすれば愛知の小学生だって犠牲にならずに済んだかもしれない。国会は何をやっていたのか。

ようやく2018年の愛知の小学生の犠牲を機に、文科省は全国の教育委員会などに、気象庁などが発表する情報に留意して教育活動をするように指示。また、政府は小中学校へのクーラー設置へ向けて国の補助に乗り出した。

しかし、政治・行政は猛暑を自然災害と位置づけて、もっと厳しい教育現場への活動中止命令の指示態勢の整備などに踏み込むべきである。国によるクーラー予算などは無条件で最優先すべきだ。


猛暑でなぜ高齢者を避難させない？


最新の２０２３年の「猛暑」はこうだった。

豪雨と時を同じくして７月半ば。日本列島では各地で猛烈な暑さを記録する地域があった。17日は１９５地点で35度以上の猛暑日となり、全国で最も気温が高かったのは愛知県豊田市で39・１度。山梨県甲州市で38・８度、埼玉県熊谷市や京都市中京区で37・７度など。

消防庁によると、７月10〜16日の１週間で熱中症の搬送者は８１８９人。前週から倍増し、その年の１週間の搬送者数としては最多となった。

特徴的なのは、このうち65歳以上の高齢者が４４８４人で圧倒的に多く、しかも熱中症の発生場所は太陽が照り付ける外ではなく、何と自宅など室内が３２１５人と最も多かった。死者は３人。

私は政府の「暑さ対策」に強い違和感を持つが、長く防災を取材している中で、ここ4～5年は特に思う。

地震や豪雨については、国や地方自治体は大規模な避難所の設営や行動制限、行動マニュアル、ハザードマップなど大々的な対策を講じている。しかし、何度も繰り返すが、なぜか「暑さ」だけは「個人で気をつける」「個人任せ」が中心になっていることだ。

2023年の政府広報を見てみよう。

《室内では扇風機やエアコンで温度を調節。屋外では日傘や帽子の着用。外出や屋外での運動及び長時間の作業はやめて》（厚生労働省・政府広報）

しかし、ここまで異常な猛暑が恒常的になり、何日間続くかについてもかなり正確に予測できるのだから、その数日間は、たとえば豪雨災害と同じように地域住民が冷房が完備された避難所に避難してもいいのではないかと思う。

暑さが命に直結する高齢者だけでもまとまって過ごす避難所を設営すべきではないか。

「家にいるときは冷房をと呼びかけても高齢者は夜は電気を切る人が多い。そういう生活スタイルで生きてきた。少子高齢化で一人暮らしが増えているし、高齢者の場合はヘルパーが通って一人暮らししている人もたくさんいる。それをただ冷房を切るなと呼びかけるのでは済まない。具体的にどうするか制度や予算などを国が早く決めて欲しい」（東京23

区区長）

また、政府は冷房を推奨しているものの、私が講師をしている大学の市民講座の場では、高齢者の受講生からこんな深刻な声が寄せられた。

「今年は電気代が上がって、年金生活の私にとっては冷房そのものが痛い。昼間は近くの図書館のロビーで過ごすこともある。私は歩けるからいいが、歩くのがままならない人もいる。たとえば一定の気温を越えたら、申請すれば電気代の支援などできないのか」

電気代の高騰は２０２２年から始まり、23年の段階ですでに前年比約20％も上がっている。

高齢者だけではない。

子どもの貧困問題に取り組んでいるＮＰＯによると、年収３００万円以下の貧困家庭では、そもそも電気代の節約でエアコンを使っていない家庭も多いというのだ。熱中症対策でエアコンをと盛んに言われても、そうした家庭や子どもたちはどうすればいいのかと、このＮＰＯ代表は問題提起している。

気候変動適応法って何？

実は政府も、熱中症対策を、省庁横断で取り組んではいる。

2023年4月、「気候変動適応法」などの改正法が国会で成立した。大きく報じられなかったこともあって国民の認知度は低い。

この中では、熱中症対策を強化するため、これまでより強く呼びかける「熱中症特別警戒情報」などを新たに設けている。

それまで、気温や湿度などを総合的に判断した暑さ指数が33以上の場合に熱中症警戒アラートを発表してきたが、これを「熱中症特別警戒情報」として法律に位置づけ、政府の対策を閣議決定の対象に格上げするというものだ。

また、避難については、各市町村が公立の図書館や民間のショッピングセンターなどを「クーリングシェルター」と呼ばれる避難施設として指定できるようにして、特別警戒情報が発表された際には、施設の開放を求めることも明記された。

ただ政府が運用の中身について検討し、運用開始は2024年の夏。なぜ災害対策として優先しなかったのか。

1年延ばせばひと夏過ぎて、また犠牲が出る。

さらに、具体的な避難の仕組みや強制力など、どこまで効果が期待できるのか。

たとえば「クーリングシェルター」などは一時避難だ。前述のように「昼間しか利用できないのであればまったく意味がない」という高齢者や、クーラーのない家庭などに対しては根本的な支援にはならない。

アラートの出ている数日間の長期避難所、宿泊や食料提供など地震や豪雨と同じレベルで避難所を整備して予算確保するのは、国の危機管理の責務である。

私がコメンテーターとして出演している関西テレビの報道番組で、共演中の気象予報士で防災士でもある片平敦氏がこう話した。

「ただ避難所があればいいという話では終わらない。高齢者の場合は個々にそこに移動するのであれば、猛暑の中、そのこと自体が危ない。行政が事前に一人暮らし情報を把握してバスを使ったりしながら集団移動する仕組みが必要。ふだん介護士が通っているケースなどはいいが、そうでない高齢者の見回りを誰がやるのか。見回りの人が家へ上がってクーラーのスイッチを入れる権限も与えなければいけない。整備することはヤマほどあります」

かつて私が取材した福祉先進都市と言われた福岡県の北九州市は、少子高齢化で一人暮らしの高齢者が増えることを早くから予測し見回りに重点を置いた。

ただ市の担当者だけでは人数が絶対的に足りない。そこで、何と日ごろから消火器の設置で地域を回っている消防士にヘルパーの資格を取らせて、高齢者の見回りにも参加させた。

縦割りを壊して人材を確保した素晴らしい対応だ。

人の命を奪う「暑さ」ももはや有事だという認識が、果たして政府にはあるのか。そのことを改めて問いたい。

阪神淡路大震災の被害を報じる著者

第4章

被災地で何を見て、何をすべきか

2018年1月23日、午前10時ごろのことだった。

群馬県の草津白根山の本白根山が鏡池付近で噴火した。本白根山での噴火は何と約3000年ぶりのことだった。

そして、犠牲者が出た。

日本は「火山国」という意識なし

鏡池から数百メートルの草津国際スキー場に噴石が落下し、スキー場で訓練中だった陸上自衛隊の男性陸曹長が死亡、隊員7人とスキー客4人の計11人が重軽傷を負った。山頂付近にスキー客約80人が取り残され、のちに救助された。

マスコミ各社からは、「予測できなかったのか」と気象庁に取材が集中したが……。

噴火は、気象庁や自治体が想定していなかった火口で発生した。気象庁が噴火情報を出したのは発生から約1時間後。観測値が噴火に伴うものか判断できなかった。

また、噴火した火口は、従来から警戒を強めていた湯釜ではなく、気象庁が3000年間も噴火していないと見ている2キロ南の鏡池付近だった。

しかし、火山に対して日本の政治・行政の本質的な問題が数多く残されたままなのだ。「火山国」日本としての取り組みは、かなり甘い。

実は、私が初めて火山災害を取材して向き合ったのが、１９９１年長崎県の雲仙普賢岳の噴火だ。

6月3日、午後4時過ぎ、火口から溶岩が流れ出し、それは最大級の火砕流となって一気にふもとの町までを呑み込み、住民やマスコミ関係者など43人が死亡した。

当時は火山にまつわる知識など専門誌以外のマスコミの記者は多くが不勉強で、火砕流という言葉すら知らず、溶岩流などと表現していた。

また、現場で取材していた記者やカメラマンは火砕流が新幹線と同じスピードで襲いかかることなど知らず、山の上の火口から煙や灰を巻き上げながら津波のように流れ出してくる様子を、数キロ離れた山の裾野の方に陣取った取材テントの中で、「おおすごい」「来た来た」などと眺めていた。

火砕流が山の中腹で止まった時などは、わざわざその流れ着いた先端あたりにまでカメラとともに入って「熱い」などと平気でリポートしていた。

こうした無知が引き起こしたのが、43人死亡の惨事だった。

当時、私は福岡のテレビ西日本の報道部記者。現地の系列局はテレビ長崎で、トータルで約1カ月以上も長崎の現場に応援取材に入った。

実は大規模火砕流が起きた6月3日の前日に、ちょうど私は応援要員の交代で一旦福岡に引き揚げていた。

そして3日の午後4時過ぎ、噴火とともに火砕流が発生の一報とともに、現地からの映像が次々に入ってきた。

現場を遠くから撮影していたその映像を見ると、溶岩が流れた後の斜面や平地は炎を上げ続けていた。

次第に詳細も入ってきた。火砕流の現場には、消防団や住民、そして、私たちの仲間のテレビ局カメラマンたちがいたと見られ、しかし、消息も不明だった。そのまま日が暮れたが、現場は高熱と炎で消防も自衛隊も立ち入ることができない。

明け方近くには炎も随分おさまったが、まだ一部では火の手が上がり、降り積もった火山灰などの影響もあって地上からは現場に入れない。

そこでヘリによる空からの取材ということになったのだが、現場近くに待機していたマスコミ各社のヘリはどれも灰をかぶって操縦不能。テレビ局や新聞各社は福岡から代替のヘリを飛ばすことになった。そのヘリの一つに福岡に戻っていた私とカメラマンが乗り込んだというわけだ。

日の出とともに福岡空港を離陸。約1時間後、到着した現場は、まだあちこちで炎が上がっていた。そして灰によって、まさに灰色に近い白一面に覆われていた。

自衛隊のヘリがホバリングしながら我々の取材ヘリが地面に近づき過ぎないように制している。

そんな中で、眼下の一角に、溶岩で潰された車とその横に灰を被って倒れている遺体を見つけた。

あのショックは永遠に忘れることはない。同乗していたカメラマンは「撮れない」と私に言った。

世界の火山国は「火山庁で予算も一元化」

日本は火山国でありながら、何百年に一度といったスパンの頻度などから国には警戒感が弱く油断もあって、政府は十分な研究予算すら計上していなかった。

雲仙普賢岳の現場では、火山研究の九州大学の太田一也教授が孤軍奮闘しながら、私にこうこぼした。

「予知研究の予算もほとんどないんですよ」

雲仙普賢岳の災害以降、私が火山災害を取材し、そのたびに気象庁の火山噴火予知連絡会の研究者や気象庁関係者を取材してきた中で、三つの問題点を指摘したい。

一つ目は、白根山の噴火にしても、それ以外の火山噴火にしても、これを予測できなかったことを批判する声があるが、そもそも予測のために必要な火山噴火に関する学問の分野が、まだまだ科学的にもデータ的にも歴史的にも未知数の部分が多く、発展途上にあるということだ。

前回の噴火は数百年前——、などと言われるように、そんなはるか昔の噴火の様子についての記録は十分なデータとして残っていない。しかもこれから先、噴火が起きるのは100年後、いや1000年先かもしれず、今後も十分な分析ができる環境にない。

また、息の長い学問であるがゆえに若い人がついてこない、つまり後継研究者が育っていない。

大学の学部新設や研究のためのハードの充実、さらに研究者の育成など政治・行政が本気になってこの分野の学問を育てなければならない。火山は学問として、こうした構造的な弱点があるのだ。

二つ目は国の火山対策に関する予算が少ないということ。

2014年9月に起きた長野県と岐阜県の県境に位置する御嶽山噴火では、登山者など

58人が死亡、行方不明者が5人、国内では戦後最悪の火山災害となった。

当時の政府の火山対策はというと、火山関連の予算は全国で合わせても約500億円。地震対策などに比べると圧倒的に少なく、また各省庁がバラバラに計上するなど使い道も統一性がなかった。

白根山や御嶽山など噴火した場所には監視カメラがなかったと気象庁は話すが、言い換えれば「欲しいところにカメラを全部設置するだけの予算なんかないということ」(気象庁幹部)なのだ。

そして三つ目は、火山国でありながら、行政組織として、火山に対するお粗末極まりない状態をそのままにしてきたこと。

火山については気象庁が主な所管であり、火山噴火予知計画に基づいて1974年に火山噴火予知連絡会が設置された。

委員は現職の火山研究者、内閣府、国交省河川局、海上保安庁など関係機関の専門家から構成され、日ごろから火山活動について検討し、防災対応についても検討しているのだが……。

メンバーの一人でもある国立大学の火山学者はこう話す。

「アメリカやイタリア、東南アジアでもフィリピンなどの火山国は、いわゆる火山庁のような組織があります。専門的に研究、調査、予測し、予算も一元化し、避難速報なども長官が責任を持って発する。長官は政治任用です。火山国でこれだけ犠牲も出していながら、日本でこうした体制づくりに取り組んでこなかったのは政治の責任です。私たち研究者は、予算もない、人数も少ない中で一生懸命やっていますが、たとえば危ないと思っても、積極的に避難速報などは出せません。法改正などが必要です。そういった責任まで研究者に背負わされるのでしょうか」

実は、本稿執筆中の２０２４年４月に、文科省に「火山調査研究推進本部」なるものが設置された。

政府として火山防災や予知を一元化しようと専門家や気象庁職員らで構成され、文科省内には「地震火山室」も設置された。しかし、予算などは「まだ見通せない。当面はそんなに多く獲得できないだろう」（気象庁ＯＢ）という。

何より遅すぎる。さらに予知から避難命令などの発令を考えれば、権限を与える法改正なども必要ではないのか。

放置されてきたこうした問題点を挙げたが、これを早々に議論して手をつけなければ、「このままでは必ずまた（噴火は）思いもよらないところで起きます。犠牲者が出て、またなぜ予測できなかったのかと批判が出る」（前出の研究者）ことになってしまうのではないか。噴火は100年先か1000年先か分からないかもしれないが、逆に言えば「明日」かもしれないのだ。

自民党のベテラン議員は、火山国・日本でありながら、政治が火山対策についてあまりにも遅れていることについてこう本音を明かした。

「政治はつまるところ票や利権ということにどうしても重きを置く。何百年に一度あるかないかの火山問題を一生懸命やっても大きな票になるわけではない。予算も少ないから関連業者などへの広がりもない」

政治は何をやっているのか。

自民党の中にも一応、火山噴火予知対策推進議連なるものがあるのだが……。

「議連では、たとえば御嶽山の噴火の直後には、ご指摘のような火山対策を官邸に申し入れました。でも、議連に参加しているメンバーの中で火山問題に熱心なのは自分の選挙区に火山を抱える議員たち。一般的に政策論として広がらない。政府や国会では火山対応は決定的に遅れているというのは認めざるを得ません」（同議連メンバー）

過去の豪雨災害、いったい何を視察してきたのか

再三繰り返しているが「自然災害は有事」という認識が、岸田政権はもちろん歴代政権

にも果たしてあったのか。

2023年夏の九州北部豪雨でのシーンだ。

「激甚災害の指定については、財政面で十分な支援ができるように、指定に向けた手続きを早急に進める」

7月22日、岸田文雄首相は九州北部を襲った豪雨の被災地、福岡県久留米市を現場視察した。

地元自治体の首長や被災した市民らから話も聞いた。そして、支援について「スピード感をもって」と強調した上で、激甚災害指定を明言した。

久留米市では大規模な土石流災害が発生して1人が死亡。ただ、九州だけではない。この夏の豪雨は東北の秋田でも線状降水帯（次項で詳述する）が発生し甚大な被害が出たほか、山口県、大分県、新潟県などにも及び、全国で10人が死亡した。

被災地に飛んで行き、その目で災害の現場を見ることはもちろん重要だろう。

しかし、災害現場で何を聞き、何を見て、何をすべきか――。対症療法的な対応より、むしろ国のリーダーとして根本的に問われるのは、これまでの政府の自然災害に対するもっと大枠の防災対策の欠陥を見出し、それを是正して、新たな体制を作っていくことではないのか。その大役を岸田首相が担っていると意識しているとは思えないのは、過去の事例があるからだ。

そもそも豪雨災害では、岸田首相は党の政調会長だった２０１８年には死者３００人以上を出した西日本豪雨災害、また福岡での２０２１年の豪雨災害などを党の政策責任者として視察しているのである。

それらの災害現場では、日本の河川のバックウォーター現象の危険性や、河川の一括管理の必要性、内水氾濫の問題、気象庁の予測と避難命令の発出などの組織的な再構築の必要性が訴えられていた。

あれから何年経っているのか。２０２３年にまたも同じ被害を繰り返した。私は、これは「政治の人災」だと断言する。

首相になり、事あるごとに「人命」や「復興」を口にするが、災害に取り組む過去の姿勢を時系列に検証していくと、どこまで本腰を据える気か疑わしく思ってしまう。

一内閣一仕事と位置づけてもいい、組織改革や法改正などに取り組むべきだ。災害は有事だ。国民の命が失われる。岸田首相はその目で見てきたはずの一刻を争うこの課題に着手して欲しい。

「500円コーヒー予算」を知っていますか？

２０２３年の西日本や東海地方を中心にした記録的な豪雨もそうだったが、その原因となった線状降水帯。

雨雲が次々と発生して列をなし、数時間にわたってほぼ同じ場所に停滞する。強い局地的な集中豪雨となり甚大な被害をもたらす。

日本では２０１４年8月に広島市の土砂災害をもたらした豪雨の原因がこの線状降水帯で、それ以降この気象用語が使われるようになった。

最近では、気象庁気象研究所などの研究チームが、この線状降水帯は地球温暖化によって発生頻度が高くなるというデータを公表するなど、温暖化や異常気象との関連性も指摘されている。

国民が線状降水帯の脅威を知ったのが２０１４年で、あれからもう10年が経っている。

ところが、驚くべき、こんな事実が分かった。

２０２３年6月末に私がコメンテーターとして出演していたニッポン放送の「飯田浩司のＯＫ！　Ｃｏｚｙ　ｕｐ！」では本格的な夏を前に豪雨について特集した。

電話出演した気象庁の担当者は、この夏厳重に警戒すべき線状降水帯が発生する可能性を指摘したが、その関連で私が耳を疑ったのはこんな話だった。

「線状降水帯について分析するスーパーコンピューターをようやく今年3月に導入しました」

今ごろになってようやくスーパーコンピューターを購入したというのである。あまりにも遅すぎやしないか。

背景にある大問題は、気象庁という機関そのものが、政府内でどう位置づけられているのかという点だ。

私は長く防災・危機管理を取材テーマにしてきているが、そもそも気象庁の予算が圧倒的に少ないのである。

実は「コーヒー予算」という言葉がある。

2020年ごろ、気象庁の組織改編などが行われた際に、気象庁の幹部職員が自虐的に私にそんな表現をしながら話してくれたのだった。

「気象庁の当初予算はこの10年間だいたい500億円後半から600億円。これを国民の人口で割ると1人あたり500円の計算になるんです。500円といえば、たとえば喫茶店でコーヒー1杯分の値段。つまりコーヒー予算、たったそれしか予算が付けられていないということなんです」

気象に関する予算は、総合的に見ると国交省や他の省庁に振り分けられているものも多くある。だとしても、である。幹部職員はこう言った。

「気象に関する予算は圧倒的に少ない。予算がないから職員が手弁当でソフトを開発したりしていることもあります。本当はどんどんデジタル技術なども取り入れたい。衛星やスーパーコンピューターなどの維持費も相当かかるんです」

気象庁を組織再編し、首相直轄に置け

なぜ気象庁の予算は少ないのか。

気象庁OBが言う。

「政府組織の中で気象庁にどんな役割を担わせ、どんな位置づけをしてきたか――。すべてがその歴史的な流れに起因しています」

気象庁は設立当初は文部省の管轄下にあった。気象を学問として位置づけていたということだ。

だが、その後、気象は交通機関などに重大な影響を及ぼすことから旧運輸省の管轄下に置かれ、運輸省と建設省の省庁合併でそのまま今は国交省にという流れである。

同OBが言う。

「そもそも日本は教育予算が世界的に見ても少ないが、気象も同じように学問、研究の一環という発想からスタートしているから、大蔵省（現財務省）の意識もずっとそのままで今も続いている」

しかし、それでいいのかと私は思う。

持論を繰り返すが、「自然災害は有事」、戦争と同じだ。敵は容赦なく何を仕掛けてくるか分からない強大な自然。それとの戦争だ。

その最前線では、気象庁による高度で確実な分析や予測が絶対的に必要ではないか。思い切って表現を変えれば「防衛」と同じであり、「気象」の分析や予測は極めて重要な武器であると言えるのではないか。

「戦争に対しては、いま政府は防衛力を強化して防衛費を43兆円かなんかに増やしてそれを増税で賄おうとどんどん進めている。災害だって同じ有事なのにこちらはなかなか増やしてもらえない。職員は技術者が多く、安い予算でも自分たちでシステム開発したり、民間や大学などと連携しようと努力しているが、結局予算が付かなければ限界はある」（同OB）

そして、予算の問題だけでなく、できることは他にもあるのではないか。それは、気象庁の組織的なポジションの問題だ。

危機管理を専門とする国会議員や有識者からは、このところの異常気象や地震などの自然災害に対し、現在は国交省の管轄下にある気象庁を内閣府へ移行すべきという声が多く上がっている。

危機管理に明るい自民党の閣僚経験者は言う。

「内閣府ということは首相直結ということ。自然災害の分析・予測から、それを受けて避難命令など首相や政府が決断するところまでを一元化した組織にすることで、自然災害への危機管理がスムーズに早く行く。気象庁がどんなに危険だと会見しても、気象庁には最終的に避難などを政治決断したり命令する権限はない。防災省までは作らなくとも、気象庁を内閣府に置く組織変更だけでも日本の危機管理体制は強化される。できることはヤマほどあるはずだ」

気象庁は豪雨や猛暑などを前に予報官や責任者が記者会見する。今後の気象状況を分析・予測し警戒を呼びかける。

「経験したことがないほどの暑さになっている地域がある。命に危険を及ぼすレベルで災害と認識している」

しかし、同庁職員は「会見には忸怩たる思いがこもっている」として本音をこう明かした。

「どれだけ私たちが警報を出しても、危険だと何度も会見しても、私たちに避難しろという権限はなく、それは市町村、そしてもっと大きな政府などの行政に委ねられます。首長や首相です。そしてもし被害が大きかったら、気象庁は会見でなぜもっと早く強く呼びかけなかったのかとこちらに責任が来ます。私たちに避難させる権限はないのです。首長や首相と密接に表裏一体の体制にしなければならないのではないか、とずっと思ってきました」

そして、自然災害はもはや常軌を逸している段階に来ているとした上で、前出のベテランと同じような具体的な組織改革を口にした。

「専門家での中で言われているように、気象庁を内閣府に置いて首相直轄にして、予測から避難指示までを一系統にすることはすぐできるはずです。また、防災省のようなものを作って、大雨、猛暑、地震、火山など、すべての自然災害の予測から避難指示、復旧まで、指示系統と予算を一元化するのもありです。我々の予測と警報を生かしたい」(同職員)

豪雨災害が毎年のように起きる中で、すでに全国知事会が政府に防災省創設を求める緊急提言を採択している。

防災省まで行かなくとも、できる組織改革はあるはずだ。

災害報道の責任と矜持を失ったマスコミ

自然災害の教訓は、政治・行政だけに突き付けられているのではない。それを報じているマスコミにも取り組むべき課題はヤマほどある。最前線で私が常に感じてきたのは、「果たしてテレビや新聞の記者たちは、災害報道とは何かについてきちんとした理念や意志を持って向き合っているのだろうか」という疑念だった。

1991年の雲仙普賢岳でのことである。火砕流で長崎や福岡のテレビ局の取材クルーが死亡したことで、各局がそれまでの取材体制を見直した。

それぞれの局の労働組合なども社員の安全の確保などを経営側に申し入れた。見直しの一つが、全国系列局から応援部隊も含めて宿泊していた旅館やホテルなどを、より安全のためにと普賢岳から離れた旅館などに移動させたことだ。

これには市民の間に一気に疑心暗鬼と噂が広まった。

「マスコミが大挙して前線基地を後退させた。もしかすると火砕流が今後は市内にも到達するのではないか」

慌てて各テレビ局はそうではないことを市民に公報する一幕があった。

また、火砕流がきっかけで、自然災害は予知できないこともあり、取材者は命の危険にも晒されるとして、系列局は夜間や必要以上に現場に近づく取材はしないことを経営側と社員の労組などで申し合わせたのだった。

私には違和感があった。報道志望でこの世界に入ってきた記者仲間も同じ思いだった。取材者の命の危険というが、そこで暮らす住民の命を守るために災害の現状を取材・報道しなくてもいいのか。

こんなことがあった。

現場で雨が降ると、噴火でまき散らされた岩石や灰などが川に流れ込む土石流が発生した。ゴロゴロと爆音を立てて、巨大な岩石が上流から雨水とともに流れてくる。川の外にあふれ出せば住宅も何もかも破壊する。

ちょうど私が取材応援に入っているとき、日が暮れてから大雨となり、ある地区で土石流が発生しているという情報が前線の取材基地である支局に入ってきた。私たち応援部隊は支局に陣取って待機していた。

夜間で、しかも危険な土石流。局の方針で取材はしないことになっている。

しかし、若く青臭く生意気で、向こう見ずの私は「取材に行くべき」と当時支局で指揮をとっていたテレビ長崎のデスクに詰め寄った。デスクはもちろん「だめ。決まりだ」と。

だが、私も引かなかった。

「あの地区には住民がいる。報道の使命は、その住民より半歩でも前で現状を取材することではないのか」

かなりの言い合いになったが、しばらくしてそのデスクが言った。

「分かった。自分が責任を取る。その代わり約束がある。無線を持って行って5分おきに交信して無事を知らせろ」

「分かりました」

二人の言い合いを傍で見ていた応援のベテランのカメラマンが「私が行く」と自ら手を挙げてくれた。一緒にタクシーに乗り込んで、土石流の現場に行った。

現場では住民が恐怖の中、川から少し離れた場所に避難し、土石流の様子をうかがっていた。川や住民の様子を取材して支局に戻り、本社に電送した。

その後に分かったのだが、夜間の危険な取材に行ったことは映像を見れば明白。決まりを破ったと支局のそのデスクは問題になったそうだが、「自分の判断」で責任は自分にあると言って、私の無理強いなど一切話さなかったことを知った。

私は今も災害報道の使命は住民より半歩でもいいから前に出て災害そのものと向き合い記録し、その自然の脅威を世に知らしめることだと思っている。

しかし、管理する立場でありながら、現場主義に徹し責任まで負ったデスクは、私以上に災害報道の矜持を示したと思う。テレビの災害報道の姿勢を体現した真の報道マンとして、今も私は尊敬している。

伝言メモをひたすら映したNHK

阪神淡路大震災でのことだ。

1995年1月。私は、発生から4日後に系列局の関西テレビの応援に入った。

予定では大阪本社の編集室で編集のデスクをということだったが、本社に着くと即、「現場は混乱している。神戸支局に行って、関テレの現地スタッフと一緒に、全国の系列局の応援も含めて前線のデスクをやってほしい」と言われた。

着替えなどを入れてきたリュックを下ろすこともなくそのまま淀川の河川敷に向かい、ヘリに乗り込んで神戸へ向かった。

まだ日中にもかかわらず神戸に近づくと、空全体が一気にどんよりとグレーに覆われてきた。眼下の神戸の街並みを見ると所々で火の手が上がっている。その煙が空全体に広がっているのだ。あの光景は今も忘れない。

液状化で地面や道路に亀裂が入っているポートアイランドに降り立ち、迎えに来てくれていた報道車で三宮の神戸支局に向かった。

道すがら、車窓の外はあらゆるビルが倒壊している。

通行人たちは、建物がさらに崩れ落ちる可能性もあるからか、歩道から車線にはみ出して歩いている。寒空の中、ダウンなどを着てリュックなどを背負って歩いている。被災者たちはどこへ何を目指して向かっているのか。誰一人会話などしていない。列をなして黙って歩いている。

支局が入ったビルはもちろん停電していて自家発電機を回していた。ガスも止まっている。そこにスタッフが集まって取材しながら、撮影素材を本社に送り続けていた。

旧知の関テレのスタッフたちもいた。彼ら自身もまた被災者だった。

「明日のこととか、自分の壊れた家の被害とか、そんなこと考えてたら仕事なんかできない。ショックで何も考えられないんじゃない、考えないようにしている」

その日から2週間、私は現場にいた。

厳しい条件の中での日々だった。取材陣は連日行方不明者の捜索の様子や、避難所の様子、次々に起きた火災現場などを奔走した。停電や断水などは少しずつ復旧していったが、悪条件の中で取材を続けながら、私が深く考えさせられたのが報道のあり方だった。

連日テレビは、いま起きていることを盛んに報じているが、一体誰のためにどこに向かって何を伝えようとしているのか。

それは神戸市役所の廊下でのことだった。

支局が入っているビルのトイレ内部が崩れ、停電や断水のため使用できないことから、スタッフは少し離れた市役所のトイレに通った。そこはそこで多くの市民が並んでいた。

その市役所の廊下の壁に、様々な紙に手書きで書かれた伝言がびっしり張り巡らされてあった。

何が書かれていたか。

当時、加入電話も通じず、携帯電話など普及していない。離れ離れになった家族の安否を確認するために、多くの被災者が紙に「○○さん。私は○○の避難所にいます」などと書いて貼ってあるのだ。身内や知人の情報が欲しい市民は、そこへ来て張り紙を見る。

私が驚いたのはＮＨＫだった。

本放送と教育チャンネルの二つという電波のパイに余裕を持っていたＮＨＫは、それをうまく編成しながら、何とこの張り出されたメモをひたすら延々と、ゆっくりカメラで映し続けて放送したのだ。

わざわざ市役所まで来なくとも、安否情報などを被災者が確認できる。つまりＮＨＫは、被災者のために必要な報道を被災地の中に向けてやったのである。

災害報道をいますぐ議論せよ

災害や危機管理においては「災害報道」のあり方は大きなテーマである。

私は、テレビ報道に40年以上関わってきた中で、災害報道を通じて常に「無力さ」を自問自答してきた。

そもそも大震災などでは、被災地は停電し、被災者は自宅を出て体育館など避難所へ向かう。要は、被災者は多くの場合、テレビなどを見ることはできないのだ。

にもかかわらずテレビ報道のクルーは、地震発生後にいち早く現場に入り、何が起きているか取材しそれを放送する。

ところが、ふと立ち止まると「いったい誰に向かって何を伝えようとしているのか」という根本的な姿勢を何一つ考えていなかったことに気づく。神戸でそれを突き付けてくれたのがＮＨＫの伝言メモ放送だ。

災害報道は、被災者のために被災者の方を向いて伝えるのか、被災地の中のことを被災地の外へ伝えるのか――。

そんな基本的なことをろくな議論もせず、結論も出さないまま、現場に興奮し、「家屋が倒壊している」「火が出ている」「この瓦礫の下に被害者がいないか懸命な救助が行われている」などと中継やリポートをしてしまうのだ。

阪神淡路大震災の際は、系列キー局の報道番組や情報番組取材班が何クルーも現地に入ってきて、現地本部の支局に立ち寄ったが、あるリポーターは喪服を着ていた。

たとえば、まだまだ捜索は続いていて助かる命があるかもしれない。なのに喪服。被災者はそんなクルーを目にして、ましてやマイクを向けられたらどう感じるのか。テレビが災害報道を真剣に考えていない安易な姿勢の証明だ。

私は、いくつもの大震災の現場で得たそうした教訓から、災害報道においては、「誰のために」「何のために」という方向性や専門性がメディアには必要であり、それをメディアに関わるすべての者が議論する必要があると思っている。

被災地の外へ向かって報道し被災地にゆかりのある全国の人に現状を知らせるもよし、徹底して被災地の中に向けて被災者が必要な生活情報などに徹するもよし、政府の対応に焦点を絞り徹底して支援策を検証し提言するもよし……。

テレビやラジオ、キー局やローカル局、そして活字など、それぞれのメディアが議論して方向性を打ち出すべきだ。それを徹底して行ったら、それぞれのメディアに災害報道の専門性が生まれ、総合的に合理的に被災地のためになる災害報道の形ができあがっていくのではないか。

東日本大震災報道で徹した役割分担

東日本大震災のそのとき、私は東京・永田町にいた。衆議院議員会館で週刊誌の議員インタビューを済ませ、1階ロビーを編集者と二人で出口に向かって歩いていた。

2011年3月11日の午後2時46分。それぞれの人たちに「その日」、「その瞬間」があった。

震源から離れていたとはいえ、東京も激震に襲われた。

異常なまでの激しい横揺れ。今でも私の記憶の奥底に焼き付いているのは、議員会館のロビーの柱や高くまで明るく開けた窓枠などのすべての直線がグニャグニャと、ゆらゆらと、歪んで見えたことだ。今も目をつぶると、あのカーブを描くようにして揺れた曲線が浮かぶ。

警備職員が「しゃがんでください!」と叫び、ロビーにいた多くの人たちは悲鳴を上げて床に倒れ込んでいた。その様子を見ながら、私はこんなことを考えていた。

「ドーンという大きな縦揺れはなく、横に揺れ出した。しかし、東京がここまで大きく横揺れするのは、震源は東京からはもっと遠いところで、しかもその場所では相当大きい地震が起きているはず」

もちろん専門家にはとても及ぶはずもないが、阪神淡路大震災などそれまで30年間蓄えた地震取材の経験から、どこかで大変な地震が起きたのだと直感した。「東海地震か」とも思った。

自分の責任は「地震の報道特番を放送すること」だった。当時の私は、日本BS放送（BS11）の報道局長。千代田区・竹橋のパレスサイドビルにある報道スタジオに戻って、報道特番を放送しなければならない。

だが、これほどの大きな揺れなら交通機関も街の中の落下物もけが人もどうなっているか分からない。揺れが収まると、一気に混雑や交通機能のマヒが始まる。空車のタクシーなどすぐになくなる。ここは、まだ揺れているうちに外に出て空車のタクシーを捕まえなければと思った。

まだ余震の揺れが残っていたが、私は半分かがんでよろよろとしながら議員会館の正面玄関から外へ出た。途中、私の背中に警備職員から「歩かないでと言ってるでしょ」との声が浴びせられた。

道路の端を徐行していた空のタクシーを捕まえた。ドライバーはハンドル越しにフロントガラスのギリギリまで身を乗り出し空を見上げていた。私は大きく手を差し出して車を止めて飛び乗って竹橋スタジオに向かい、30分で到着。一連の判断は奏功した。

内勤をしていた技術者や、かろうじて集合できたスタッフで地震特番を始めた。もちろんそこから一昼夜、放送を続けた。

そのときに、まさにどんな番組にするのか、スタッフと手元のメモをテーブルの下でやりとりしたり、カメラが外を向いている瞬間に相談をするなどして、内容を詰めながら放送した。

地上波のようにキー局やネットワークを持っていない独立のBSテレビ局だ。

結論はこうだった。

東北に系列局があるわけでもない。現地の情報は乏しい。ならば、視聴ターゲットを被災地の外にいる人たちに設定しよう——。

たとえば、被災地に今から戻ろうとしている人たちに向けた交通情報や、外から被災地とどうやってコンタクトできるかの通信情報、外から現地を支援するための方法や手順、そして、局がある東京の被害状況を詳しく、また政府に張り付いて対策の詳報などなど。

それぞれのテレビ局が個性を出して専門性をもって役割分担できていることをただただ信じ、BS11にできることに徹した。

ローカルメディアが矜持を見せた

東日本大震災は、宮城県沖を震源とするマグニチュード9・0の日本では観測史上最大の地震だった。発生した津波の高さは10メートルをも超えた。

死者は1万5900人、行方不明者も2523人（警察庁2023年3月現在）。避難者は3万人以上。

東北から北関東にわたって甚大な被害が出た。特に被害が大きかったのは宮城・岩手・福島の3県。

津波は、人命だけでなく町の原形もなくなるほど丸ごとさらった。福島第一原発も津波や揺れに複合的にやられ放射能汚染が広がった。日本が未知の原発事故と直面することになった。

そんな中で、宮城県石巻市の、地元紙・石巻日日新聞は、津波で輪転機が水浸しになり新聞を発行できなくなった。

この地域の大惨事に新聞を発行できない……、そんな編集局内の記者たちの悔しさに一人がこんな提案をした。

「おい！　壁新聞ならやれるぞ」

壁新聞など遠い昭和の小学校で見たかもしれない。ネットの時代にコミュニケーションツールとしては完全に潰えていると言っていい。

にもかかわらず、これしかないと編集部は実行したのだった。

6号にわたって手書きで書き上げ、避難所に張り出した。

瓦礫の山や腰まで水浸しの市街地、それに避難所を歩き回った記者たちが、毎日取材を続けた。

壁新聞には、被災者の数字、地元自治体の対策や窓口情報、商店街など街の様子も書かれた。

避難所では市民が毎日それを見た。ローカル紙としての矜持であり、災害時の記者の使命感や魂が込められた。

のちに、この壁新聞は国際新聞編集者協会（IPI、本部ウィーン）に特別表彰された。現物は今、米国ワシントンの報道博物館にも展示されている。

このとき、報道部長（編集長）として先頭に立ったのが武内宏之氏だ。

発生直後、私が被災地に取材に入って会いたいと真っ先に訪ねた人が武内氏だった。記者として1年先輩だ。武内氏は同社で定年を迎えた後も、震災の記録を展示した記録館の館長や、地域活動やフリーの記者活動などをしながら、ずっと被災地に住み続けている。

地域に密着した気骨のジャーナリストが壁新聞で伝えたかったことは……。

「新聞社の心臓部である輪転機が水で使えない状態になってしまった。それが夜の8時ごろだったかなと。そのあと『明日からの新聞どうするんだ？』という話になり。実はその昔、戦時中にいわゆる言論統制があったときに、うちの先輩たちが壁新聞を出して抵抗したという歴史があって、『それだよ。紙とペンがあれば自分たちの仕事はできるんじゃないか』ということになった。工場《こうば》に行きましたら輪転機の高いところに積み上げていた新聞用紙のロールがあるんですよ。それが水に浸かっていなかったものだから、じゃあそれで、あと油性ペン、これでやろうやと。ですから震災当日の3月11日の夜には、もう手書きという方向で明日から行くぞって決まってました」

そして、武内氏は災害報道についてこう話した。

「新聞で言いますと全国紙、ブロック紙、そして私たち地域紙と大きく三つに分けるとすれば、それぞれ役割があるということ。じゃあ地域紙の役割は何なのかというと、地域の新聞社が被災した地域の人たちに情報を伝達するという役割、これに徹すればいいじゃないかと。じゃあその情報は何を伝えればいいのかというと、私たちは今回の震災では生活情報を主に提供しようという方針を立てました。それに徹した。本当に被災地の、被災した人たちの求めている情報を提供することが私たちの今の役割ではないかなと。こういう新しい制度ができましたとか、あと市役所は何をやりますとか、今度こういう支援団体が来ますとか……。そう決めてからは記者たちもすごく没頭できるようになりました」

武内氏とはもう13年目の交流となった。その間、被災地がどう悩み、何を必要としているのかもずっと話を聞いてきた。

その貴重な提言と、壁新聞で震災に向き合ったその裏話は第6章で詳述する。

生活の場を根こそぎ破壊した東日本大震災

第5章
日本災害史
——政治の大罪を教訓にせよ

自然災害に対して、政治・行政はどう向き合わなければならないか。

その答えは、幾度も襲ってきた過去の大地震や津波、豪雨、火山噴火などによって多くの犠牲を出してきたことを教訓としていくこと以外にない。逆に言えば、そんな当たり前のことを怠ってきているのだ。

I 阪神淡路大震災――自衛隊の災害派遣に教訓を生かした

政治・行政やメディアに、もはや「未曽有の災害」だとか、「災害は予想できなかった」などという逃げ口上は許されない。

それを戒める名言が残されたのが、1995年1月17日の阪神淡路大震災のときだった。

「天災は人間の力ではどうしようもない。地震が起きたことはどうしようもない。しかし起きたあとのことはすべて（政治・行政の）人災だ」

私の防災取材の芯にある言葉でもあり、リポートのたびに常にこの言葉を繰り返し、本稿でも何度も繰り返している。第1章でも取り上げたが、改めてその意味を心に刻むべきだ。

これは、阪神淡路大震災の発生直後に、危機管理のエキスパートであった後藤田正晴元副総理が、右往左往していた当時の自社さ政権の村山富市首相に、官邸に押しかけて告げた言葉だ。「だから生命最優先でやれることは何でもやれ。ルール違反だってかまわない」と叱咤したのだった。

たとえば、阪神淡路大震災で得た大きな教訓の一つは、徹底した現場第一主義で、いわば「もう一つの政府」を被災地に作ることだった。現場のことは現場にしか分からない。現場がいま一番欲しいものは何か。場合によっては、法律や行政の平等性をも無視して人命を第一にやる。

自分にできることは「全責任を取ること」と村山首相は腹を決め、連立のパートナーである自民党から小里貞利氏を現場に派遣し、「現場が欲しいものは何でもやる。法律違反と言うなら自分が法律を変える」とまで言って送り出した。この瞬間から現場の対応や復旧が飛躍的に進んだ。

もう一つ、阪神淡路大震災が残した教訓が自衛隊の出動であった。

基本的に、自衛隊は都道府県知事の要請がなければ出動できなかった。

当時の自衛隊幹部の証言によると、発生直後の早朝に、自衛隊第3師団はすぐに姫路や福知山の部隊を神戸に向かわせたが、知事からの要請がないため神戸に入ることができずに手前で待機。そして、午前10時過ぎに兵庫県知事が要請したが、待機中に道路は大渋滞、大混乱し、要請が出た時には動きが取れない状況に陥っていた。神戸での本格的な救助活動はようやく午後になってからだった。

要請を出す知事サイドはどうだったのか。一部では、知事の出動要請が遅かったなどの批判も出たが、当時の貝原俊民兵庫県知事も混乱の中で動いていた。発生直後から知事公舎で各所と連絡を取り合い、大渋滞の中で午前8時過ぎに県庁に到着。しかし、通信システムなどに障害も生じて自衛隊と交信ができなかったのだ。

人命救助などのプロ集団の自衛隊こそ、いち早く動けるようにすべき。しかも、自然災害は有事だ。自衛隊の使命に合致する。

初動のもたつきで多くの人命が失われた事実は、大きな教訓となり、その後の法律の改正などで自衛隊出動の要件緩和が進んだ。

同年、直ちに自衛隊法や災害対策基本法が改定され、都道府県知事が自衛隊に災害派遣を要請する場合の要件を簡素化したり、市町村も要請できるようにしたり、特に緊急な場合、要請を待つ時間がない場合は部隊を自主派遣できるようにするなどした。阪神淡路大震災での教訓を踏まえた対応が図られ、その後の東日本大震災や熊本地震などでは自衛隊の早期出動や活動などに繫がっている。

私は、2011年の東日本大震災の直後、統合幕僚監部トップの初代統合幕僚長の先崎一（まっさき・はじめ）氏に自衛隊の災害に対する使命や体制について取材した。統合幕僚監部は、陸海空自衛隊を一体的に部隊運用することを目的とした防衛省の特別の機関。2006年に組織が新設された。東日本大震災発生時には、自衛隊が初めて統合という組織で救援活動を行い、これを指揮したのが先崎氏だった。

自衛隊が災害対応に当たる際の実情や精神的な問題など貴重な話が聞けた。

――東日本大震災をはじめ、災害時に自衛隊の能力はどう生かせるのか？

先崎「自衛隊には他にミッションもあります。防衛警備、国際協力、PKOなども同時にこなしています。しかし、国内の災害は当然力を入れます。交代要員もいないという状態でよくやっていると思います。具体的には、人命救助、遺体の捜索、避難所への給水や食料の供給、仮設の風呂、衛生支援、医療支援、それ以外にも道路を作る、橋を架けるといった具合です。支援物資も扱いますよ。宅配便と同じように末端まで配ることも実は自衛隊はやっています。女性隊員は女性被災者に必要な生理用品を聞いて回るなどしています。一件一件の支援物資の配布をやっているのも自衛隊員なんです」

――そこまで広範囲に……

先崎「でも、相当にきつい仕事は、やはり人命救助ですね。今回(東日本大震災)の場合は特に厳しい。ヤマのような瓦礫があり、隊員たちは胸まで水に漬かりながら、あるいは水中で瓦礫をかき分けながら捜索します。ご遺体の中には子どもさんたちの遺体もある。若い隊員なんかは非常に大きなショックを受けます。ギリギリの精神状態ということですね。交代要員もいない。そこでやらなければならないのは隊員たちのメンタルヘルスをどうするのかということです。第一線の隊員たちを一時、少し前線から下がったところで数日でも休ませる。いわば戦力回復をやっているんですね。(精神的に)バランスを崩す前に戦力回復させ、また投入するという状態です。いずれにしても極度の状態になっていることは間違いありません。そういったケアが、こうした災害活動の時には必要だし、心がけていかなければなりませんね」

――阪神淡路大震災以来、初動が常に注視される。官邸の初動、地方自治体の初動などについてどう考えるか?

先崎「東日本大震災の場合などは初動はよかったと思っています。ただし、よかったというのは、官邸や中央の話ではなく、地方自治体と自衛隊の初動のことです。阪神淡路大震災や中越地震などの経験や教訓が確実に生きてきたんだと思いますね。初動がよかった要因は何かというと、東北地方は毎年自治体などと一緒になって訓練をやってきたんです。日ごろから、自治体と自衛隊との協力関係や信頼関係、仕事の中身をしっかり理解してきていました。今回知事の派遣要請は岩手県は発生から6分後、宮城県は16分後。これは、地方自治体との信頼関係を訓練などを通じて日ごろから作ってきたからです。それから、これは陰に隠れてあまり知られていないんですが、阪神淡路大震災などを機に、都道府県に自衛隊のOBがそれぞれ県庁の防災担当官として出向いているんですね。常駐しているんです。その仕組みがあったから、OBたちがパイプにもなって、『自衛隊を具体的にどう活用するか』を適切に判断してアドバイスできた面もある。OBの活用というのは、今後の防災・災害対策では十分に生かしていくべきだと思いますね。阪神淡路大震災のときには自衛隊への要請が遅れました。そのときの教訓は確実に生きています。地方自治体と一体となって、という形ができ上がったと思っています」

――では、官邸をはじめ、今後の政府が災害時に心がけるべき点は？

先崎「中央の司令塔を一本化することです。大災害時は、何をやるにも中央が指導権をとり、一元的にコントロールしていかなければなりません。指示系統ラインが二つや三つになっていた、というようなことが東日本大震災のときにも実際にありましたね。これではだめ。これは、真剣に考えなくてはならない。危機管理の時には、シンプルに決定して、指揮命令系統は一系統に。それをやらなければ、毎回毎回の災害のたびに同じような失敗を繰り返します」

危機管理のプロである自衛隊が災害にどう向き合うか、見直しの第一歩は阪神淡路大震災からだった。

だが、付け加えておかなければならないことがある。それを担う自衛官の人手不足が深刻化し常態化していることだ。

防衛省によると、2022年度、必要な自衛官の数を満たすことができず、約1万9千人も少ないという。少子高齢化に加えて、「防衛や安全保障といった分野への若者の関心の低下も加わっているのではないか」と防衛省OBは言う。任期制の自衛官候補生の応募者数もこの約10年で3割ほど減少している。

防衛省が2023年に設置した有識者検討会は、「どれだけ高度な装備品等を揃えようと、人材の確保がままならなければ、防衛力を発揮することはできない」とする報告書をまとめた。

岸田政権は、日米同盟を通じたアメリカからの圧力も加わり、2022年の年末以降、防衛費の増額やアメリカのミサイルの購入など防衛力強化に邁進しているが、これに対して報告書は、「人材確保は装備品の整備と並ぶ両輪」と緊急かつ重要課題であると警鐘を鳴らしている。

人員確保のためには、給与や手当の見直し、福利厚生の充実、現場で表面化しているハラスメントの根絶のほか、民間からの人材確保など、あらゆる取り組みが急務だ。兵器を買うより、そうした人材確保のために予算を使うことが優先だ。岸田首相は分かっているのか。

自衛官の人員不足と確保の見通しが立たないことは、もちろん日本の安全保障の根幹を揺るがすことになる。

しかしそれは、同時に災害有事にも大きく響くという視点を忘れてはいないか。多くが見落としているのではないか。

先崎氏が言うように、災害対応は「交代要員もいない。ギリギリ」。自衛隊は、災害現場にいち早く駆け付け、国民の命を救う災害対応の要の組織である。人員確保は、安全保障と災害有事という、二重の意味で重大な課題である。政府には本格的に取り組む重大な責任がある。

Ⅱ　東日本大震災——政治主導で、平等に縛られるな

2011年3月11日、東日本大震災。宮城・岩手・福島の被災3県では、命からがら大津波から逃れた被災者たち、家屋が倒壊した被災者たちが、高台や最も近いところにある小中学校の体育館、公営の体育館、市や町の役所内の廊下やロビーなどに避難した。

地震などを想定した避難所ばかりではない。備品などない避難所の方が圧倒的に多かった。その日から数日は心底冷え込んだ。場所によっては雪も舞った。ダウンやコート、自宅から持ち込んだ毛布や布団などに家族が身を寄せてくるまった。ここで、こんなことが起きた。第3章でも触れた、災害時の誤った「平等」と「政治主導」のあり方を考えさせられるできごとだ。

政府は東京から、各県庁などからも被災市町村へ寒さをしのぐ毛布などを、崩壊した道路を何とか辿りながら被災地に運んでいた。

そんな中で、福島県のある市役所で、取材中だった私の旧知のローカル新聞のデスクが

こんなシーンに出くわした。

トラックで、おそらく東京から運ばれてきた大量の毛布が届いた。市の職員が急いで荷を下ろしたが、それを市役所の裏手にあるスペースに運び始めた。付いていくと、そこにはすでに大量の毛布が積まれてあった。県から届いたものもあるようだった。

デスクは市職員に訊ねた。避難所に配らないのかと。

すると職員はこう答えたという。

「避難所の数の分、まだ毛布が足りない。数が揃ってから一斉に配る。いま配ると、数が足りないところは不平等になるから」

危機管理上、この判断は明らかに間違っている。毛布にしても、たとえば食料にしても、入ってきた分だけどんどん配るべきなのだ。数が足りないばかりに、被災者全員が極寒に晒されることなどあってはならない。300人避難しているところに100枚でも毛布を持ち込めば、高齢者や幼児などに回したり、身を寄せ合って使ったり、現地が工夫する。市役所に追加分が届けば、どんどん配ればいい。

私が定点取材している宮城県石巻市の幹部職員はこう話した。

「公務員は、平等を常に意識します。叩き込まれています。たとえば数が足りなければ、それを先行して配ると平等でなくなる。あの避難所だけ配られたとか。だから全部揃うまで待つしかない。緊急時には僕たちも自問自答します。それでいいのかと。でも法律があって、平等という縛りがあってやれません」

ただ、どうしようもないのかと問うと、こう言った。

「一つだけ方法はあります。僕たちは法を破ってまでやれない。でも、トップ、たとえば市長が政治決断してくれればやれる。自分が責任をもって後で処理するからやれと言ってくれれば」

実は2024年元日の能登半島地震でも同じ場面があった。過去の教訓が生かされずに繰り返された。

石川県輪島市内のある避難所に支援物資のおにぎりが届けられた。コンビニチェーンからの支援だった。

現場でそれを管轄していたのは地元自治体の職員。

届いたおにぎりは500個。ところが避難所には約900人の避難者がいた。そこで、この担当者は配らなかった。数が足りなくて不平等が生じるからだ。

時間を置いて900個揃うまで待って、そして配ったという。

内閣府の元官僚は現役時代に災害対応を何度も経験した。こう話す。

「公務員や官僚は災害など、この期に及んでも平等ということを意識して仕事をする。有事の際は、届けられるところからどんどん届けて行くべきだと思うけれど破るわけにはいかない。公務の鉄則だから。不平等でもいい、責任は俺が取るとそれを覆すのは首長しかいない。しかし首長も、のちのち不平等だったと批判されることを恐れて決断できない場合がある。それをやれるのは、最後はそのさらに上にいる行政のトップの首相ということになる。『必要なものは用意する。まずは届くところから届けてほしい』と公にメッセージを出すしかないのです。今回、おにぎりだけでなく、トイレ設置や毛布などについても、揃ってからという避難所が随分あったと聞いています」

そして、こう締めくくった。

「危機管理とは何か。政治家にそれが分かっている人は少ない。かつて警察官僚だった後藤田（正晴元副総理）さんとか、警察庁に強いパイプのあった菅（義偉前首相）さんなどは危機管理に長けていた。後藤田さんは、三宅島の噴火の時など前例や法律に関係なく被災地の被災者を強制的に避難させたし、菅さんは災害と同じ有事の新型コロナ対策で省庁の縦割りなどを壊してワクチン政策を強行しました。私たち役人はやりたくても勝手にやれない。それを『やれ』と決断して、責任も背負ってやるのが政治家。災害時は政治主導で平等を壊すことが重要だと思います」（同元内閣府官僚）

III 新潟県中越地震――首長が負う重責と決断

2004年10月23日、新潟県中越地震が発生。

当時の新潟県知事は就任したばかりの泉田裕彦知事。そんな中で、災害対応の危機管理を発揮したのが長岡市の森民夫市長だった。森氏は建設省出身だが、その現役時代に阪神淡路大震災の復興に関与した。その経験が大きかったと自身も語っている。

森氏が残した災害対応の実績は数多くある。全国からの自治体職員の段階的応援派遣、避難所のプライベート確保、個人の支援物資の制限、基金制度で自由度の高いお金の使い方、徹底した現場主義などなど。どれも先駆的で勇気のいる行動だった。

そんな中でも、森氏が身を以て示し、そのあり方を提示したのが「地方自治体の首長の使命と覚悟」だった。

言うまでもなく、大地震などの自然災害で被災地と被災者に真正面から向き合うのは地方自治体だ。国ではない。

たとえば、2021年に災害対策基本法の一部が改正された。ここ10年単位で進んでいる異常気象とともに、豪雨による水害、土石流、土砂崩れなどの災害が激増している中で、これに対する避難情報について規定された。

危険度の低い方から高い方へ警戒レベルは5段階。警戒レベル1と2は警報で気象庁が発表するが、3で高齢者等避難、4で危険な場所から全員避難指示、5は命の危険・緊急安全確保となっている。そして、警戒レベル3以上は市町村、つまり住民に一番近い自治体が発令することになり、決断は市町村長にかかっているのだ。

しかし、気象を予測し、避難指示を決めるのはそう簡単な決断ではない。過去、大きな自然災害に直面した首長は、誰もがその逡巡の深さを語る。

たとえば2014年8月。広島豪雨で土砂災害が発生。土石流や崖崩れによって約400棟が全半壊し、74人が死亡、3人が災害関連死と認定された。

当時は、まだ災害対策基本法の一部が改正される前だったが、警戒ランクや分類の中身は別としても避難の決定はもちろん市町村にあった。

このとき広島市の避難勧告が大幅に遅れたのだった。

実は広島市では過去の豪雨災害を教訓にして、避難勧告の判断のために、気象台の土砂災害警戒情報など5項目の目安を設定していた。

だが、警戒情報が発表されていたにもかかわらず、避難勧告を決断できなかった。

市消防幹部は市長らと勧告を検討している過程で、「雨脚が弱まったのかなという淡い期待があった。しかし、（雨雲が）いつまでたっても同じところにとどまり、まったく経験したことがない急激な降雨だった」と甘かったことをそう弁解した。

そして、当時の松井一實市長は、「結局、災害発生後に避難勧告を出すことになってしまった。消防局長がいろんな情報を判断してくれたが……」。

そして、苦汁の表情でこう述べた。

「最終的な責任は私にある」

災害対策基本法改正後の２０２１年7月には、静岡県熱海市で大雨による土石流が発生した。死者は28人。

このときも熱海市は発生前、住民全員に避難を促す避難指示を出していなかった。県と気象庁が前日、土砂災害警戒情報を出していたが、市はレベル３の高齢者等避難を出していたものの４の全員避難指示を見送った。

当時、齊藤栄市長はこの判断について、「一時的に雨が強まることはあっても、雨量のピークは越えたと発表されていた」と述べた。

ただ、市長を支える側近幹部はこう本音を語った。

「避難指示を出して、たとえば大したことがなかったら市民から批判が来る。それに避難指示を何度も出すようなことになれば当然空振りも増え、避難指示が信用されなくなる恐れもある。首長の判断は難しい。今回市長も相当悩んだ。結果責任として、首長としての責任は免れないが……」

日本の場合、災害において、地方自治体の首長の「政策決断のプレッシャー」は相当なものだろう。もちろんそんなことは織り込み済みで首長に就いたのだから、重責から逃れることなどできない。

自然災害は住民の命に直結する。政治生命をかけた決断でなければならない。「首長」の覚悟が迫られる。

たった一人の市長室で孤独に悩み、決断する……。長岡市の森市長も当時何度もその場面を迎えた。その象徴的なものが、「期限切れのおにぎり」を避難所で配ったことだった。震災後、森氏へのインタビューの中で明かしてくれた。

——森さんもいろいろな決断をした？

森「リスクを負いながら決めたことはたくさんありましたよ。たとえば、支援物資で大量のおにぎりをいただいたんですね。避難住民も役所の人間も食料がまったくなかった最初のころですよ。そこに、大量の賞味期限が切れたおにぎりがあった。悩みましたね。集団食中毒にでもなったら、ただでさえ大変なところにさらに大騒ぎになる。でも、食べ物がまったくない中で、これは賞味期限だから まだ食べられるから配ろうと。一人で、市長室で考えに考えましたね。そして、責任は全部背負うと。覚悟をもって決断して配ったら、その後ある新聞に、『賞味期限切れのおにぎりを配った』と批判記事を書かれましたね（苦笑）。でも、私は間違っていなかったと思っていますよ。住民たちは、あのおにぎりで明日をつないだんです」

森氏は、一人で決めたこと、その孤独感も付け加えた上でこう締めくくった。

森「災害対応は首長の最大の仕事でしょう。覚悟を持ち批判を恐れてはなりませんね」

地方自治体の首長の決断をバックアップするのは、その地域に暮らす住民かもしれない。危機管理は最悪の状況をいち早く想定して動くこと。ただ、先へ先へと想定して首長が避難指示を出せば、それは当然空振りの可能性がある。

そこで大変な思いと準備をしながら避難した住民は、何もなかったら避難指示の判断を責めてしまう。「ほら、大したことなかったじゃないか」と。しかし、それではだめだ。「大したことなくてそれは良かった」と受け入れるべきではないか。

住民側が持つべき危機管理への態度が、首長の決断を後押ししていく。災害対応は地方自治体が主体という意味は、首長だけでなく住民もセットで対応していくということだ。

新潟県中越地震でもう一人、現地の首長から取材で聞いた言葉を紹介したい。地震で村が壊滅状態になったのが新潟県山古志村。地震の翌年2005年4月に長岡市に編入合併された。

山古志村の最後の村長は長島忠美氏だ。長島氏はのちに自民党衆議院議員を4期務め2017年に亡くなった。

長島氏は、災害に直面するリーダーのメッセージについてこう話した。

「災害のときに、首長にしても首相にしてもリーダーは『決死の覚悟でやる』とか『命を賭けて』とか盛んに言うんですね。本人は悪気はないんでしょう。意欲を見せているつもりなんでしょうね。でもあれは間違いなんですよ。私は、山古志が壊滅的な状態になったときに、村民にこう言いました。『私は死ぬわけには行かない。死なない。この事態を乗り切るためには死なない』と。そんな言葉の言い回し一つにも、被災した当事者の住民たちは感じるんです」

言葉一つであっても防災論の本質がそこにある。政治・行政のリーダーたちは頭の中に刻んで欲しい。

Ⅳ　熊本地震――依然として「現場主義」が分からない政府

熊本地震が「政府がやるべき災害対応」を改めて広く認識させた。

熊本地震は、2016年4月14日に最初の揺れ、そして約28時間後の16日深夜には最大震度7の本震と、変則的に次々に熊本を襲った。震度7を2回記録したのは観測史上初めて。

熊本、大分両県で関連死も含め276人が犠牲となった（2023年3月現在）。

2023年3月に仮設住宅の提供が終了したが、その後も県内の災害公営住宅には被災した少なくとも1300世帯以上（2023年3月現在）が入居している。そして他の震災と同様に入居者の孤独死も確認されている。

被害の大きかった熊本県益城町では、住宅約4万3千棟が全半壊した。

熊本の象徴でもある熊本市の熊本城が崩れ、県民は大きなショックを受けた。崩落した石垣の工事はまだ途中。完全復旧は2052年度になる見通し。阿蘇の約18キロを結ぶ第三セクター・南阿蘇鉄道は7年かけてようやく全線復旧した。

その2度にわたる震度7の恐怖の中、こんなことがあった。

最初の大きな地震が発生した4月14日。その夜、熊本市内や益城町では倒壊した自宅やマンションなどから避難した住民たちが、町役場の駐車場スペースや小学校の校庭などにビニールシートを敷いたり簡易テントを設営したりマイカーなどで一夜を過ごしていた。

ところが、この日熊本地方に大雨の予報が出たことから、15日、官邸の当時の安倍晋三首相を本部長とする対策本部は、雨を避けるために、屋外に避難していた住民らを体育館などとにかく建物や家屋の中に移動させるように指示を出したのだった。

官邸から指示を受けたのは、早々に現場入りしていた内閣府の副大臣の松本文明氏。松本氏は、官邸の指示を地元自治体に伝えた。

ところが、何と屋内への移動に異を唱えたのが地元熊本県の蒲島郁夫知事だった。

県幹部職員が明かした。

「(蒲島)知事は、松本副大臣に『現場のことが分かっているのか』と官邸からの指示に異を唱えたんです」

理由があった。

避難住民は、実は何も好き好んで屋外にテントを張っていたのではなかった。そこには、被災地にしか分からない、今回の特異な地震の恐怖があったのだ。

「決して屋内の避難所が足りないわけではないんです。しかし、2度にわたって大きな揺れ。みんな余震が怖くて怖くて部屋の中にいられないから外へ避難していたんです。激しい揺れで家屋がミシミシと音を立てて、現に多くがぐしゃぐしゃに潰れている。恐怖があるからこうして外にいる。それを建物に入れとは、現場の状況も被災者の気持ちも、まるで分かっていないということを知事は言い返したのです」（同幹部）

現場を最優先すべきだと主張する蒲島知事に対して、それでも松本氏は「中央から、屋外避難は解消してくれと強く言ってきていると話した」（同幹部）という。

このやりとりを見ると、官邸が現場に派遣した松本氏の立場はあくまで官邸側に寄った、いわば連絡要員に過ぎなかったことが分かる。官邸が決めた屋内避難を松本氏はそのまま現場に伝えていただけだからだ。

この一幕は、政府が災害時にどう対応すべきかという「危機管理の基本」をいまだに理解していないことを露呈したとも言える。

その「基本」とは何か。災害対応というのは「徹底した現場主義以外にない」ということだ。

現場のことはもちろん現場しか分からない。いま現場で何が起きているのか。被災者の心理状態はどうなっているのか。現場がいま一番欲しいものは……。それを最優先にすることが政治・行政がやるべきことだ。

政治や行政には、通常は法律や平等性といった縛りがある。しかし、災害時はそれらをも無視して、現場第一にやるべきことがあるということだ。

現場で起きていることは、現場が求めているものは、遠く遠く離れた官邸には分かるはずがない。

熊本の被災地の現実。

大雨が降ろうが、いま被災者はミシミシと大きく揺れて今にも潰れそうな建物の中になど入る気にはなれない。恐怖と戦っている。官邸の指示は、そんな被災地の現状が分かっていない。被災者の心理や思いを考えるなら、このまま外で雨をしのぐべきだ。

もし、雨がそこまで心配なら、より強固なテントを用意するとか、トレーラーのような頑丈な一時避難場所を用意するとかをすべきではないか。いま取るべき行動は屋内への移動ではない——。蒲島知事はそう言いたかったのだ。

現場第一主義については、過去の大災害のたびに常に言われてきた。たびたび教訓として残されてきていたはずだった。

1995年1月に起きた阪神淡路大震災。

本書ではたびたび取り上げたことを繰り返すが、危機管理のエキスパートだった後藤田正晴元副総理が震災直後に官邸を訪ね、初動が遅れ右往左往していた当時の村山富市首相に、「天災は人間の力ではどうしようもないが、起きたあとのことはすべて人災。やれることは何でもやれ」と檄を飛ばし、村山首相は「現場から離れた官邸では何も分からない。ならば現場に決定権を持つ政治家を派遣し、現場ですべて判断してもらって、現場がやりたいことを何でもやろう。法律違反というなら後で法律を作ればいい。現場で決め、その責任はすべて自分が取る」と決めた。

村山首相が現地に派遣したのが、自社さ政権を組んでいた自民党の小里貞利氏。そこに霞が関の各省庁から事務次官クラスを同行させた。現場に、何でも現場で判断して決めることができる、いわば「もう一つの政府」を作った。この瞬間から現場の対応や復旧が飛躍的に進んだ。

熊本地震はどうだったか。

副大臣が派遣されていたが、それはあくまでも政府の伝令役であり、残念ながらそれなりの決定権を持ち、安倍首相に注文を付ける政治家という立場ではなかった。安倍首相も、副大臣を送り込むときに、全権限を与えたわけでもなかった。

あるべき姿は、阪神淡路大震災のときのように、現地に派遣された政治家が被災地と一緒になって、いやむしろ被災地の先頭に立って、被災地の気持ちを理解して「ここは屋外で行くべきだ」と判断し、官邸へ「中には入れない」と伝えるべきだった。安倍首相も副大臣本人もそれが分かっていなかった。

官邸が阪神淡路大震災の教訓をしっかりと踏襲し、現地に派遣し常駐させる政治家には権限を与え、第一義的に現場に判断を任せていれば、「屋内に移れ」などと揉めるトラブルは起きなかっただろう。

「今回（の熊本地震）は具体的にはどうするべきだったか。たとえば現地に、安倍首相の分身というか副総理格の政治家を派遣してしばらく常駐させる。安倍さんは、『現地のことはすべて現地で決めていい。責任は取る。必要ならオーバールールでいい』と現場に権限や予算も与え、自分がその責任を取るという二人三脚の体制を取るべきだった」（自民党閣僚経験者）

また、熊本地震ではこんなこともあった。初期の段階で、安倍首相が即現地に入りたいと言い出したことだった。これも大災害のたびに議論になる。

東日本大震災の際には、当時の菅直人首相が現地に入りひんしゅくを買った。最新の能登半島地震でも、岸田首相が現地入りしたタイミングは早過ぎたと私は前章でも指摘した。

「首相が行くと警備体制などにどれだけ人手がとられるか。そもそも、危機管理上の最高責任者がフラフラ動いていては指揮や判断はどうするのか。現場に行かせるのは自分の分身。危機管理のときにトップが何をすべきか分かっていない」（前出の自民党閣僚経験者）

ただ、熊本地震では、安倍首相が現地入りしたいという情報を得た熊本県の自治体幹部や総務省の官僚らが連携し、「早期現地入りは現場の受け入れ態勢ができていない」と進言して思いとどまらせた。自治体幹部や総務官僚など首相周辺の的確な判断と進言。それを受け入れた安倍首相も評価していいだろう。

災害時にこそ、首相があらゆる面でリーダーシップを発揮することは使命だ。災害は有事であり、国民の生命財産を奪う自然という敵に対して、先頭に立ってこれと相対して行かなければならない。

しかし、リーダーシップとは、何でも形式的に自分が前面に出て行くことではない。最優先すべき現場に権限を与えた政治家を派遣し、そこにすべてを任せ、自分はすべての責任を取ることに徹する。何も官邸で出張って自分があれこれ決めるだけが災害有事の有効なリーダーシップではないのだ。

このほか、熊本地震の本震は2度目のほうで、後に来て被害を大きくしたという異例のケースであることが分かったが、こうした地震についての「予知」研究の一層の充実が新たな課題として浮上した。

これも前章で取り上げたが、火山噴火研究機関や大学への補助金がまだまだ少ないことを改善すべきだし、気象庁を今の国土交通省管轄から首相直轄にするために内閣府に移し、予知、予報から避難行動まで危機管理上の一貫性を確保することで、素早い地震災害対応の体制を作るべきなのだ。

過去の教訓が、自衛隊初動や「創造的復興」に生きた

一方で、もちろんこれまでの災害が教訓として熊本地震に生かされた部分もあった。

代表的なのは自衛隊や消防などの初動だった。

「行方不明者の捜索や倒壊家屋の復旧、道路の確保、避難所での炊き出しなど自衛隊の初動は地震のたびに早くなってきている。これは阪神淡路大震災の際の反省で、県境まで来ていながら首長から出動要請がないから入れなかったという失態があったが、その後は法改正や指揮命令体制も整備され、日ごろからの自衛隊と地方自治体との連携の訓練などが実を結んでいる」(内閣府ＯＢ)

また、地震のあと、蒲島知事は復興へ向けて、「創造的復興」を掲げた。

これは後述するが、過去の東日本大震災で被災した宮城県の村井嘉浩知事が提唱したものだ。単なる復旧、元通りにするのではなく、そこに付加価値をつける。新たな経済の仕組みや文化を生み出すというまちづくり、復興の姿だ。

たとえば宮城県は水産業の復興で、漁業権などの問題を解決させ新たな企業が参入でき

る仕組みを作った。

かたや熊本県は、たとえば壊れた阿蘇くまもと空港の建て替えで国内線・国際線のビルを一体化し、民間の知恵と資金を活用する「コンセッション方式」での復旧・復興を目指した。

自然災害が起きれば、避難指示の決断など、一気に責任を背負い込むのは知事や市町村長など地方自治体の首長だ。

決断を迷い、苦しむ。

そこには、首長の権限を担保する仕組みやバックアップ体制、場合によっては憲法改正も含めた新しい法律も必要かもしれない。それは政治、そして政府の仕事だ。急務だ。グズグズしていると必ずまた犠牲者が出る。

そして、災害のそのあとの復旧・復興もまた、自治体の首長に重く長くのしかかる。

災害対応の主役は地方自治体なのである。

壁新聞を前に対話する武内宏之・元「石巻日日新聞」報道部長と著者

第6章

心に刻め!
先人の言葉と意志

❶ 石原信雄「危機管理のためのリーダー論」

いしはら・のぶお　1926年、群馬県生まれ。52年東京大学法学部を卒業、地方自治庁（現総務省）に入庁、84年に自治省事務次官に。87年の竹下登内閣で官房副長官に登用されて以来、95年の村山富市内閣に至るまで、7人の首相のもとで官房副長官を務めた。通常は首相が交代すれば官房副長官も代わるが、異例の長期間の任期となり「陰の総理」との異名も。豊富な経験から実務を的確にこなし何より危機管理において手腕を発揮。特に自然災害では95年に起きた阪神淡路大震災当時、自社さ政権で社会党の村山首相が初期対応などで迷走する中、震災復旧対応に尽力した。2023年1月29日死去。享年96。

「今までになかった危機管理の組織を作りたい。クライシスマネジメント協議会。参加して欲しい」

2010年、旧知の元経団連職員の長田逸平氏が私にそう言ってきた。当時、BS11の報道局長だった私に、なぜ？　訊くと、その構想は実に画期的なものだった。

これだけ自然災害の多い国の危機管理は、政府や地方自治体だけでは限界がある。官民挙げて対応すべき時期に来ていたが、行政が音頭を取るわけでもなかった。すでに1995年の阪神淡路大震災、2004年の新潟県中越地震、豪雨災害など多くの犠牲が出ていた。

クライシスマネジメント協議会は、危機管理について従来からの政治・行政による知識や仕組みの範疇だけで考えるのではなく、有識者、消防や自衛隊、マスコミ、そして経済界からも加わって構築していくという。そして、防災はビジネスと位置づけ財界に積極参加を促し、協議会で学び新規事業や商品開発などにもつなげる狙いもあった。

新たな防災番組の開拓や系列を超えた情報ネットワークづくりなどにつながると判断し、私も理事として参加した。ズラリと並ぶ役員の肩書を見れば、いかに広範囲の参加であるか分かる。

クライシスマネジメント協議会は2010年10月に発足したが、長田氏が初代会長にと必死で口説いたのが石原信雄氏だったのだ。

「組織をまとめられるのは石原さんしかいない。危機管理の経験で右に出る者はいない」（長田氏）

石原氏は1926年、群馬県生まれ。東大法学部卒業後、地方自治庁（現総務省）に入庁。84年に自治省事務次官となるが、存在感を増したのはそのあとだ。

87年の竹下登内閣で官房副長官に登用されて以来、何と95年の村山富市内閣に至るまで、実に7人の首相のもとで官房副長官を務めたのである。

通常は首相が交代すれば副長官も代わる。しかも後半は、自民党が初めて下野して誕生した細川護熙政権や、再び自民党も加わった自社さ政権と、保革入れ代わり理念も政策も色合いが激変した。にもかかわらず、首相たちは石原氏を一貫して官房副長官に指名した。何より危機管理で手腕を発揮してきた実績を買われて異例の任期となったのである。「陰の総理」との異名もあった。

その石原氏は95年2月に退官していたが、長田氏の協議会構想に賛同して初代会長を受けたのだった。

石原氏が官房副長官の時代、もちろん私の節目の取材でもその名が出てきたが、一対一での取材はなかった。協議会の発足後、私も理事として石原氏とたびたび会合などで顔を合わせるようになった。

そこで、私がキャスターをしていた番組で、ぜひ危機管理について話を訊きたいとお願いして出演が叶ったのだった。

そこでは、特に退官直前に起きた阪神淡路大震災について当時の官邸や政府の秘話を明かしてくれたのだが、その一つ一つに驚くと同時に、これこそ語り継いで、今後の教訓や参考にすべき政治・行政の「危機管理の本質」だと痛感したのだった。

――阪神淡路大震災は、私も現地で取材していたが政府の初動は遅かった。村山首相が危機管理に未熟だったことなどが被害を大きくしたと

石原「あの時は、初動体制は非常に遅れました。まだ世の中が朝早くて動いていないし、現地から正確な情報がなかなか入ってこなかった。批判が相当ありました。その遅れをどう取り戻そうとしたかというと、まず内閣として指揮命令系統を単純化したんです。県や省庁間で、あらゆることが即ストレートに伝わるようにしました」

阪神淡路大震災をもう一度おさらいしよう。１９９５年1月17日、午前5時46分。淡路島沖の明石海峡を震源とするマグニチュード7・3の大地震が発生。死者は６４３４人。

当時こうした大災害に対して、政府や国の機関が直接被災地の状況を把握する機能もシステムも整備されていなかった。村山首相は、たまたま見ていたテレビニュースで知ったという驚くべき現実。自衛隊の災害派遣要請も、当時は都道府県知事のみが要請できることになっていたため大幅に遅れた。

石原「遅れに対してどうすべきか。現場第一主義を徹底しようと村山首相と決めました。そして、小里（貞利衆議院議員・自民党）さんを担当大臣に任命して、現地に行ってやってもらったんですが、そのときに重要なことがありました。村山首相が小里さんに、『あなたが現地に行って必要と考えたものはどんどんやってください。内閣が全責任を負います。財政がどうとか法律がどうとか、まったく考えなくていい。現地で現地の人たちの話を聞いて即断即決でやってください。責任はすべて私が取ります』と言って送り出したんです。村山首相は初動で『どうしていいか分からない』的な失言もあり批判されましたが、ある意味、自分の非力さを素直に認めるという勇気があった。だからこそ、そのあとに強さと覚悟が出てきた。『すべて責任は取る』とはなかなか言えません。責任とは万死、つまり首相の座などに恋々としていないということですね。村山首相はそう言って送り出した」

このほか、現地では避難所の確保や物資が届かないこと、寒さ、医療体制、消防隊や自衛隊の応援、避難住民の心の問題、帰宅困難者など予期せぬことがどんどん噴出した。

それに対応するのは、もはやルールを破り現場が必要なものを最優先で手当てすることだった。

石原「村山首相の態度は、有事の際のリーダーとして正しかったと思います。だから、小里さんは自信を持って知事や市町村長など現地の声を聞いて、すぐにいろんなことを上げ、必要なことを実現させていきました。加えて私がやったことは、小里さんが現地に行くときに、各省庁から実力者を傍に付けたんです。現地で即断即決できる態勢を役所（霞が関の省庁）側からも人を出して一緒に作ったんですね。災害現場に『もう一つの政府』を作ったということです。そこで現場が必要なものを決める。救済も復旧もそれが一番早く行く。政府主導とか官邸主導ではダメ。リーダーは勘違いしてはいけない」

――危機管理のリーダーのあるべき一つの姿だった

石原「村山首相は小里担当大臣に対してだけではなく、すべての閣僚にその持ち場持ち場の権限を与えました。『どんどん現場でいま何が必要か考えてやってくれ。責任は私が負う。心配するな』と。それによって何が起きたかというと内閣が本当に一体になりました。各閣僚が逆に責任感を強く持って一生懸命に考えて仕事をしました。そこに、官僚たちも動かしてしっかり付ける。それが私の役目でした」

実はこの年の4月には東京都知事選挙が控えており、石原氏は与野党推薦で出馬を準備していた。

本来なら年明け早々にも退官し選挙準備に入るはずだったが、阪神淡路大震災が起きた。当時、自民党都連の幹部は、「危機管理に心血を注いできたのに選挙のために投げ出すなんて考えられないと、石原さんは我々に伝えてきた。そのため退官や出馬表明はギリギリになってしまった」と話していた。案の定、選挙運動も間に合わず名前が有権者に浸透せず、青島幸男氏に完敗した。

前出の幹部は、「知事選に力を入れていた各党から石原さんの身の振り方に批判も多かったが、私はたとえ選挙に不利になっても（災害対応を優先させるという）官僚の矜持を感じた」と語っていた。

そして、クライシスマネジメント協議会が発足し、石原氏が会長に就任したその翌年の２０１１年3月11日、あの東日本大震災が東北を襲った。

このころには私は、災害のたびに石原氏に一対一で取材する間柄になっていた。いの一番に取材した。

実は、発生から2週間後、当時の民主党政権の菅直人首相が石原氏を官邸に呼び、アドバイスを求めていた。

石原「菅首相から電話がかかってきて、いろいろ話を訊きたいということでした。阪神淡路大震災の経験に基づいて、これからどうしていけばいいかと。私が官邸の後輩たちに訊いたところ指揮命令系統が複雑で、場合によっては同じ内容の指示がバッティングして二方向から下りてきたり、非常にちぐはぐになっていました。そこは、私も強く総理に申し上げました。阪神淡路大震災のときは始めからすっきりした組織を意識して作ったと」

津波被害だけでなく原発事故も同時に起きた。未曽有の被害だ。「これはいっそ中央に専従の所管する組織が必要ではないか、たとえば危機管理庁や復興庁のようなものを」（当時の民主党政調幹部）といった声も出てきた。

しかし石原氏は何と、中央主導をきっぱり否定した。

石原「たとえば関東大震災のときに帝都復興院ができました。総裁は内務大臣の後藤新平。当時は中央集権時代で内務省の全盛期。でも時代が根本的に違う。東京で大震災があれば東京都知事が第一責任者としてやる。岩手だって宮城だって福島だってみんな同じこと。今は地域主権の時代なんです。地方のことは地方に任せて国はバックアップに徹する。有事の際はそのほうが被災者の痛いところに細やかに手が回り、復旧は進む」

――では具体的にどうすべきだったか？

石原「私は官邸がやるべきことは、被災地の県や市町村を補足するということだと思います。たとえば、国家公務員もどんどん派遣する。とにかく自治体の県を強くする。そして(阪神淡路の際の)小里さんのように権限を持った責任者も現地に送り込むべきだったのに、それをやりませんでした。仙台あたりに政府を置けばよかった。被災地は相当不安だったと思いますよ」

菅首相は官邸中心に体制を増強して行った。急遽、様々な問題に対処するために民主党議員らを補佐官に任命して対応させたのだった。広範囲で多種、緊急が迫られる中で責任者を増やすことは分からなくもないが、石原氏はこの補佐官体制もキッパリと否定した。

石原「首相をまさに補佐する役目ですが、私は、有事のときには補佐官は意思決定には一切関わらない、危機対応のときはラインには入らないということを徹底しました。決めるのは、首相、各大臣、次官、局長。官邸に人が多く集まり過ぎてはダメ。一般の政策ならそれでもいいでしょう。しかし、非常事態のときは官邸の意思決定部門は少人数で決めるべきです。いま死にかかっている人がいる、そのときにはシンプルに決めてシンプルにやる……、それが危機管理です」

――官僚の立場から、危機管理のあるべき体制をどう考えるか？

石原「私は政治主導を否定しません。官僚組織は政治が決めたことを待って動けばいいというのは正しいと思います。でも危機への対応は違います。待っていてはダメ。私は阪神淡路大震災の時に差し出がましくも村山首相に詰め寄って、現地にもう一つ政府を作ろうと、官僚を付けますよと、じゃあ政治家は誰ですかと。そうやって政治家と官僚が一体になって動かなければならない。極端に言えば、官僚は指示待ちなんてせずに勝手に動けばいいんです。政治主導と危機管理対応をごちゃごちゃにしないように、官邸も官僚も、ぜひ過去の大災害から学習して欲しい」

石原氏が語った危機管理の鬼・後藤田正晴

そんな石原氏が、さらに危機管理の第一人者として尊敬していたのが、政治家・後藤田正晴氏だった。

第1章で、阪神淡路大震災の際の後藤田氏と石原氏のタッグを記したように、「災害が起きたあとのことはすべて人災」という後藤田氏の言葉は、まさに防災論の芯だ。

後藤田氏は内務省出身。危機管理のエキスパートでもあり「カミソリ後藤田」と称された。

石原氏は後藤田氏が自治相時代に仕えて以来の関係なのだが、私と二人で懇談しているときに後藤田氏の危機管理について、とことん話してくれた。

石原「後藤田さんは私がたいへん尊敬している先輩。そういう人は私以外にも多いんじゃないですか。内務省出身だけど、当時は警察という権力行政と一般の民生行政も両方やってこられた。権力と民生の双方をやったことで、バランスというか大局的に総合的にものを見ることができたのだと思います。後藤田さんはその典型だと思います。私が自治省の税務局長のときに後藤田さんが大臣として来られた。それから長いお付き合いが始まったんですが、ずっと後藤田さんを見てきて、とにかく常に正論を吐く人。政治家というのは人気取り商売だからどうしても言いたいことが言えないけど、後藤田さんは、国民に対しても、政治家に対しても、官僚に対しても、媚びることなく堂々と正論を言ってましたね。いつも国のために何をすべきか、国のために政治家も官僚もどう動くべきかを第一に発言していた。とにかくみんなピリピリしていました。叱られることは多かったですよ。でも納得する叱り方と中身でしたね」

阪神淡路大震災でも、石原氏は後藤田氏とタッグを組んだ。

石原「阪神淡路大震災のときに私は官房副長官でしたが、復興委員会というのを作りました。メンバーを誰にしようかと考えているときに、竹下（登元首相）さんに相談したんです。すると竹下さんから、『こういう危機のときには正論を言う人がいなきゃだめ。後藤田さんしかいない。メンバーに入れたらどうだ。ヒラの委員というわけにはいかないだろうから最高顧問ということならいいんじゃないか』と言われたんです。竹下さんと後藤田さんは政治手法もタイプも全然違いますからね。聞いたときは驚きましたが、ああ、竹下さんはやっぱり人をしっかり見てるなあと。村山首相にそう言ったら、彼も『そうだ』と賛成してくれました。村山首相も後藤田さんを評価していましたね」

後藤田氏が危機管理の力を発揮した前例はヤマほどあるという。学ぶべきものだ。

石原「危機管理という点では後藤田さんは迷いませんでしたね。三原山の噴火（１９８６年、後藤田官房長官）のときには全島避難をいち早く決めました。住民に今すぐ島を捨てろということですが、責任はすべて自分が取るからやれという決断でした。危機管理という点では災害だけじゃありませんでしたね。１９８７年に私が副長官として官邸に入ったときに、昭和天皇のお体の問題があった。後藤田さんは、私が赴任するや否や、『皇室を勉強しておけ』と言われました。陛下は一時体調を戻されましたが、崩御ということになれば新憲法下で初めての継承になります。いろんなことをやらなければいけない。常に先を見て、最悪の状況を考えて早々に指示を出していましたね」

東日本大震災では、かつて経験したことのない福島の原発事故に直面した。

これについても「後藤田さんだったら……」と石原氏は言う。

石原「福島原発では官邸は小刻みに避難区域を広げて行きましたが、後藤田さんが常々言っていたのは、災害の危機管理はまず一気に最大限に広げて避難させて、それから徐々に狭めて行けと。それから原発は長年国がやってきた。後藤田さんは国の仕事を常に明確にしろと言っていました。もし後藤田さんなら『原発は国がやってきたこと。事故対応は当然国がやる。東京電力などという一民間企業の責任じゃない』と言って、全面的に国が出て当たったはずです」

阪神淡路大震災の際には、後藤田氏は官邸に村山首相や石原氏を訪ね、「地震そのものは人間はどうしようもできないが、そこから先のことはすべて政治の人災だ」「やれることは何でもやれ」と檄を飛ばしに来た。

石原「後藤田さんのような形で政権を支える政治家がいない。後藤田さんは行政や官僚の仕組みが完全に頭に入っていたから、危機管理のときにどのボタンを押せば役所がどう動くかが分かっていました。いま災害だけでなく安全保障や経済などすべて国難。官僚を動かせばいいんです」

石原氏は、後藤田氏の危機管理こそこの国のリーダーのあり方だとして、後藤田首相を望んだという。

石原「連立8会派の政権交代のあとに、後藤田さんを自民党の総裁・首相にという声が上がりましたよね。あのとき私も、実は『この国のために立つべきではないですか』と直接申し上げたんです。でも、後藤田さんは、『歳を取り過ぎた。首相をやるには体力的にも責任を持てない。ならば出るべきではない』と言われた。常に大局的に考え、言うべきことを言う姿勢を貫いてきたんだからリーダーになって欲しかったんですが、はっきりと立たないとおっしゃった。それは言い替えれば、首相のチャンスが目の前にあっても、逆に首相の本当の重みを分かっていたからです。その後の歴代の首相が国のリーダーとしての重みを分かっているかって？　私はとやかくは申し上げませんが（笑）」

石原信雄氏、２０２３年死去——。危機管理のエキスパートがまた一人、政治の舞台から姿を消した。

しかし、石原氏が私に説いた数々のその遺言こそ、危機管理の貴重な教訓なのだ。

❷ 武内宏之「ローカル紙の矜持と心の復興」

たけうち・ひろゆき　1957年、石巻市生まれ。大学卒業後、石巻市に本社がある地域紙の「石巻日日新聞」に入社。2011年3月の東日本大震災の際には報道部長（編集長）だったが、輪転機が水に浸かった中で壁新聞を制作して避難所などに貼り出した。震災後、石巻市で震災などを語り継ぐために建てられた「絆の駅 石巻NEWSee（ニューゼ）」館長を務め、定年後も被災地に寄り添うジャーナリストとして活動を続けている。

災害報道に一石を投じたのが宮城県石巻市のローカル紙、石巻日日新聞だ。

2011年3月11日の東日本大震災で、新聞制作の心臓部である輪転機が津波で水浸しになった。

輪転機の復旧まで時間がかかる。しかし、地元紙としてただそれを待つだけでいいのか。地震発生の夜には社員が編集局に集まって、何と「壁新聞」を出すことを決めた。超アナログ、手書き、小学校時代などにみんなで作った……。「壁新聞」と聞くと「そんな手段で」と思う人が多いかもしれないが、そこには地元紙のプライドがあった。地域の最大の危機に被災者に向かって報道できないとすれば、それはもはや責任と地域報道の存在の放棄だ。やれることをやる。紙と油性ペンがあればやれる。被災者に向けて、被害状況や復旧への見通し、自治体の情報、避難所の現状などを取材し、書き込んで避難所に毎日貼って回った。輪転機復旧までの6日間続いた。

その壁新聞は国際新聞編集者協会に特別表彰され、現物はいま米国ワシントンの報道博物館に展示されている。

その旗を振った石巻日日新聞の報道部長（編集長）が武内宏之氏である。

発災から2カ月後、私は石巻市に入り武内氏を訪ねた。災害報道の在り方を長く自問自答してきた私にとって「壁新聞」は衝撃だった。何を考え、なぜ「壁新聞」に至ったのか。そして、災害報道はどこに向けて何を伝えるべきなのか——。その答えを武内氏から聞きたかった。

——なぜ壁新聞を？

武内「輪転機が水で使えない状態になってしまった。『明日からの新聞どうするんだ？』と。ところが、戦時中の言論統制のときに、うちの先輩たちが壁新聞を出して抵抗したという歴史があって、『それだ。紙とペンがあれば自分たちの仕事はできるんじゃないか』ということになったんです」

――避難所に貼って回った？

武内「避難所です。毎日6部を制作しまして、そのうちの5部は避難所、高台の避難所になりますね。うちの会社のちょうど目の前に高台の部分があります。記者が確認してきまして、学校、体育館が避難所になっているっていうことでしたから、6部のうち5部は避難所、あと1部は高台のコンビニの店頭に貼ってもらった」

――記事の中身というのは、どういうものだったのか。スペースが限られるだろうし、やはり取材がなかなかできなかったという苦労もあったと思うが

武内「おそらくは避難された方は、着の身着のまま高台の避難所に逃げたという状況。まずはその人たちのために、自分たちの家はどうなっただろう、自分たちの地域はどうなってるかを知りたいだろうと。まずはそれに答えなければということで、これが記事の第一ポイント。さらに停電になっていたので携帯のワンセグなどを使って、地震全体の規模、他の被災地域の状況。そして、うちの記者3人が災害対策本部のある市役所に入っていましたから、その取材によってこの地域がどういう状況なのかを書きましたね。震災翌日の12日から17日まで6日間、発行しました」

――ローカル紙の矜持を聞かせて欲しい

武内「よく被災前まで私が言っていたのは、ローカル紙っていうのは、天下国家を論ずる

新聞ではないと。それは何かというと、この地域がどうなればいいのか、どうしなければならないのかを一生懸命考えて、提案していこうという意味で言っていました。ただ震災が起きてからは、本当にこの石巻の自治体だけではどうしようとしてもできない部分があります。国の援助がなければ、これから復興はできない。ですから私もコラムの中で、やはり国に対して、私たちはこういう気持ちでいるんだと。あなたたちの政治とは何ぞや、しっかり考えてくれと、これも震災後6月辺りから書いています。地域紙とはいえ、やはりこれは物申していかなければならない覚悟というか」

時間の経過が逆に被災者を追い込んでいく

震災から1年半が経って、その武内氏は、石巻日日新聞が市内に開設した資料館・石巻ニューゼの館長に就いた。

資料館には、大震災の当時の資料や、もちろん壁新聞の現物も展示されている。私は、新たに館長という、震災の歴史の伝え手、語り部になった武内氏を訪ねた。２０１３年11月のことだ。

石巻ニューゼは、海岸にも程近い商店街の一角。既存の2階建てのテナントビルの1階を借り上げてオープンしていた。

このあたりも津波が高さ2メートルにまで達した。2年が経ち道路や建物は修復が進んでいたが、一部の古いビルの壁には津波が到達したという、ちょうど私の頭の上の辺りに泥まみれの海水の跡が、まだどす黒く残っていた。

石巻ニューゼのドアを開けると、武内氏が迎え入れてくれた。

武内「昨年11月にオープンして、今日までで入館者は5000人になりました。おかげさまで大勢のみなさんが来てくださいます」

館内には、あの壁新聞はもちろん、石巻日日新聞が撮影した震災当時の数々の写真、津波以前の町の写真や歴史などが展示されていた。

――武内さんは館長として毎日どんな仕事を

武内「新聞のほうは次の世代に任せました。ここでは、来場した方々一人一人にこの壁新聞のことなどを説明しています。5000人のうち、半分が外からの方ですが、半分はこの石巻の方々です。県外からの人たちには、あの震災と津波がどうだったのかを説明します。でも、もっと大事というか私自身の勉強になっているのは、被災した人たちや肉親などを失った地元の人たちと話すことですね」

武内氏は、編集長時代に必死に取材活動をし、ときには悲惨な事実を伝え、ときには希望の話題を取り上げて紙面を作ってきたのだが、そこで聞いた被災者の声が果たして真実だったのかを、2年が経過した今、自問自答するようになってきたというのだった。

武内「ペンとカメラを持って仮設住宅なんかを回って市民の話を聞いてきたけど、果たしてそれが本音であり真実だったのかなあと疑問に思うようになりました。この資料館にフラッとお見えになる被災者の方と話していると、ゆっくり、ポツリポツリと世間話のように気持ちを話し始めるんですね。頑張ろうと思っていても、まだ何も手につかない。自分が情けないとかね。そういう本音は表では言えないんですよ。全国から支援をいただいていますからね。復興でもそうです。早く早く、スピードを、という感じになってきましたよね。でもそうやって追い立てられることで、逆に早く自立しろ、じゃあ自分は自立できるんだろうかと自身を追い込んでいってしまう人が多いんです。ここには、そうした被災者の人が一人で入ってきて、一緒に写真なんかを見ながら本音をおっしゃるんですよ。私自身が被災者の心を改めて思い知らされますね」

実は石巻ニューゼは、玄関を入ると左右に大きく二つのスペースに分かれ、展示内容が区別されていた。

右側は壁新聞や震災発生当時の写真などが並び、左側は震災前の賑わっていたころの石巻市の行事や祭事などの写真と町の歴史年表。そしてそこには、間仕切りされたような空間があり、簡易なイスやテーブルなどもある。ちょっと座ってお茶でも飲んでいくような、地域の集会所のような雰囲気なのだ。

そこにこそ、武内氏らスタッフが考えに考えた、この資料館のコンセプトがあった。

武内「県外から来た方は、すぐ右側にお通しするようにします。でも入ってすぐに左側に行かれる方は明らかに地元の人ですね。津波なんか思い出したくない、見たくないのは当然です。そういう地元の人たちは、津波でやられる前の石巻の写真や記録を見ながら、いろいろ考えるためにここにお見えになるんです。地震や津波のことを知らない人たちがいらっしゃれば、私がこうこういうことがあったと伝えていくことは新聞社の使命です。でも我々は地域紙。地域とともにある。地域の人たちのために何ができるかをいつも考えています。だからスペースを分けて、地域の人たちがいろんな思いを持ってここへ来られるようにしなければならないと思っています」

武内氏はもちろんだが、他のスタッフも入館してくる人を常に注意深く見る。一人だけでやってきた明らかに地元の人だと分かった場合、館長である武内氏が必ず傍に行って話しかける。

展示物を一緒に歩きながら眺め、少しずつ話を進めていくそうだ。

「どこから来たんですか」

「○○地区です」

「仮設住宅ですか」

「……」

そうやって次第に話をその人の生活へと移していく。

そのうち、自立するにも仕事や資金的な問題を抱えているという話になれば、武内氏が自治体の相談窓口を紹介する。精神的に参っていると感じた場合は、新聞社のネットワークや人脈を使って診療施設などを紹介する。武内氏がその場で病院などに携帯で電話し、そのまま代わって話を続けたこともあるという。

武内氏は言った。

武内「2年経って、私自身、今年の3月11日をどんな気持ちで迎えるんだろうかとずっと考えていました。時が経てば、1年目より2年目と、だんだんいろんなものが薄まっていくのかと思ったら逆でしたね」

――逆？

武内「震災は私たちには衝撃でした。信じられない出来事でした。突然襲われて、突然人生が変わってしまったり多くの命を失ったわけです。でも2年が経って、ようやくあの震災と津波が現実なんだ、いま目の前にしている造成されていない空き地が現実なんだと受け止められるようになったんですね。ところが、すると今度は、今からどうなって行くんだろう、自分の仕事は前のようにやっていけるんだろうか、復興できるんだろうかと、かえって不安が襲ってきたんです。2年経って、今度はそうした心の問題が始まるんですね。復興を急げ急げと言われて、それがプレッシャーや不安になるんですね。それが被災者たちの偽らざる本音なんです。本当の意味での復興っていうのは、まだまだこれからなんです」

時間が経てば経つほど忘れて行くもの——、いや、この理不尽な災害の被害というものは、その逆。現実が時間の経過とともによりリアルなものになり、将来への具体的な不安がより増えていく。予想もしていなかったし、突然に人生設計や生活を奪われたのだから、この先どうするのか、自然災害の被災者が顔を上げるには時間がかかるのだ。

武内「本当に津波にやられて、そこに家があった土台と残った瓦礫しかないんですが、そこにはいろんな思い、目に見えない思い出が詰まってると。そういうことはたくさんあります。家だけではない、本当に思い出の地がなくなってるんですから。ですから復興だ復興だと言いますけど、私たちにはもしかすると、もうちょっと時間が欲しいのでは、という部分もあります。でも一方で、そう言っていると今度は食えなくなってくると。そういう現実も目の当たりにしなければなりません。ですから震災から時間が経って、しばらくはいつまでか分からないけれど、その狭間で生活してるのが被災者の気持ちじゃないかな。

そんな気がするんですね。まだ多くの被災者が、気持ちを整理整頓できないでいるというのが、本当の気持ちではないかなと思います」

武内氏は、復興の優先順位の重要性も口にした。スピード感も大切だが、そうした被災者の重い心の問題をしっかり捉えて、インフラでも何が必要かを考えながら順序を決めてゆっくりやっていくことが必要だという意味だ。

武内「被災者にとっては、まず永遠に住める住居。次に仕事。新しい街づくりのグランドデザインも必要だが、被災者がいま不安になっている住居や仕事が優先されるべきじゃないでしょうか。国には災害対策の政策の優先順位を考えて欲しいですね」

――館長でもありジャーナリストでもある毎日は？

武内「震災でこんなことも得たのかなと。それは、私たち人間はちゃんと地に足をついて生きていますかという問いかけなんですね。震災前は、それこそレンジのスイッチを押せばご飯が温かくもなるし、冷やしてもくれる。車のアクセルを踏めばいつでもどこへでも行けると。ところが今回の震災で私たちは全部を奪われてしまった。本当に食べ物を食うことから考えなければならなかった。便利というエスカレーターの上に、ただ乗って毎日を過ごしていただけだったんですね。もう一回立ち止まって、生きるとは、生活するとは、と。本当にそこまで考えさせられました。『命』です。目の前で亡くなられた方、目の前で流されていく姿を見た人がたくさんいます。そしてそこに助かった自分がいる。テーマは本当に突き詰めていけば『命』ということなんですね。そして残った命をどうつないでいくか、もう一回本当に生きる、そして生活するというのは、どういうことなのかを考えさせられている毎日です」

心の復興「まだ昔のことにはならない」

私はその後も毎年のように武内氏に話を聞いてきた。震災から10年。2021年3月。武内氏は石巻日日新聞で定年を迎えていた。ずっと被災地を歩き続けていた、地域に密着したジャーナリストが見た被災地と、そこに暮らす人々にとって10年という歳月はどんな時間だったのか。

――あれから10年

武内「私にとって10年ってあってないような時間でした。文章を書いたりいろいろやってきましたが本当に昨日のことのよう。1年365日が何度も何度も過ぎてきただけのことですね」

――振り返ってみてどうか？

武内「今年に入って10年、10年と言われますが、これまでも毎年3月11日と向き合ってきました。震災後の1~2年はこの日は気持ちが沈んで、その後も石巻ニューゼの館長として、この日に来館者のみなさんに当時のことを話したり。でも、死をこの目で見て、聞いて、もがいて苦しんで、頭の容量はもうパニックになっていましたね。記者として38年、最後の7年はすべて震災でした。そこで60歳の定年を機に、2018年に一旦整理しなければと取材などから距離を置きました。でも、その後、やはり取材して伝えて行かなければならないと。いまはいろいろな方を訪ね歩いて話を訊いています。同じ方に定点と言いますか。いずれノンフィクションや小説に、といま書き溜めています」

——あの地震と津波は街を壊し、コミュニティを壊した

武内「津波は三つの人たちを作ってしまった。一つは大切な家族や友人、知人を失った人たち、二つ目は家を失った人たち、三つ目は仕事を失った人たち。このうち家については復興住宅もできて道路や堤防もできて、まあまあ進んだかなと。仕事については有効求人倍率が2・0近くにまでなって職種を選ばなければこれも何とかクリアできてきた。残されている問題は大切な人を失った、その心の復興です」

心の復興、心の問題……。武内氏は一貫して自然災害の本質は「心」と言い続けてきた。国や自治体が、復興住宅や街並みの再建など形ある政策を実行してきても、実はいつまでも引きずるのは「心」。政治や行政、国がするべきなのは、「心」の政策ではないかというのが、まさに経験からの一貫した提言だ。

武内「石巻に住んでいるある女性は二人のお嬢さんのうち当時幼稚園に通っていた長女が津波で亡くなった。幼稚園の送迎バスが呑み込まれたんです。10年経とうが『一日たりとも忘れたことはない』と。出かけるときは仏壇の灯りをつけて行くんだそうです。暗い時間を作りたくない。彼女に話を聞くとこう言うんです。『私の人生には二つの時計がある。一つは2011年3月11日午後2時46分で止まったままの時計。もう一つはその後ずっと二女の子育て、家事などに追われてきたその時計』と。二つの時間軸ってあり得ない。いま自分が前に進んでいるのかいないのか分からない。そんな人生の日々の過ごし方や心の持ち方が想像できますか。辛いですよね。この女性はいま自分にできることとして語り部をやっておられます。声をかけられたら断らない。どこへでも出向かれます」

――語り部を続けることでお嬢さんが亡くなったあの日とずっと向き合っている

武内「もう一人取材してきた東松島の86歳のおじいさん。あの日、地震で大きく揺れサイレンが鳴り津波が来ると。自宅を出て奥様と一緒に高台の公民館へ向かったんですが、途中で奥様が『次男から預かっていた犬をそのままにしてきた』と一人戻ったんですね。おじいさんは『先に行ってるぞ』と。そうしたら津波で奥様は行方不明になって今もまだ見つかっていないんです。会って話を聞くたびに何度も何度も『女房の腕を離さなければこんなことにならなかった』と繰り返してこられました。その後、何もできない、でも何ができるのか考えに考えたそうです。そして般若心経を覚えた。今でもお会いすると私の前で唱え始めるんです。私はじっと聞いています。淀みないんですよね。毎朝起きて般若心経を唱えて一日を始めています。そのおじいさんが2月に会いに行ったら、素足にスリッパで出てこられて。寒くないですかと言うと、こんな答えが返ってきた。『大丈夫。これからさ』と。それ以上聞かなかったんですが、『これからさ』の意味は何だろうかと。前向きに生きようという思いになったのか。もしかすると逆で、まだ苦しくて奮い立たせているのか」

――被災者の一人一人の「心」は10年なんて関係ない

武内「石巻市民劇団が公演をしているんですが、テーマは震災伝承演劇です。彼らは自分たちで取材して台本を書いています。その舞台を先日観てきましたが、こんなシーンがあるんですね。地震のあと津波が来るというので年老いた母親を息子がおぶって逃げるんですが、重くてなかなか進めない。そうすると母親が後ろから息子の頭を叩いて、『降ろせ！お前は逃げろ』と。後ろを見たら黒い津波が押し寄せてきていて結局、息子は命からがら逃げて母親は呑まれてしまう。これは実際にあった話なんですね。私も当時取材して、10年というか走馬灯のように私もいろいろな人の顔が見える。まだ昔のことにはならないんです。心の復興は、たとえば10年とか年月で区切るべきではないです」

――まだ昔のことにはならない……重い言葉です

武内「取材して思うのは、天国にいる大切な人とつながることを自分なりの形で見出した人は前を向き始めることができるようです。先ほどお話しした亡くなった幼稚園児の妹さんは中学生になって、死んだお姉ちゃんのことを小説で書き始めた。心の中に引き出しを作って、そこからお姉ちゃんの思い出を出したりしまったりできるようになった。おじいさんの場合は般若心経を唱えて毎日奥様と向き合っているようになった。私はもう20年ほど前に妻を亡くしていますから、そうした方々の気持ちも少しは分かるような気がするんです。10年に敢えて言うなら、心の復興のスタートにみんながで きるならいいなと思っているんですが……」

――そうやって今も一人一人の話を聞いているんですね

武内「定年後に取材していて気づくのは現役時代と全然違うということですね。一市民として接して話を聞くようになったことです。現役のときは締め切りもある、制約もある。でも退社して時間もたくさんあって、訊きたいことがあったらじっくり、何度も通って、時間をかけて話を聞けますよね。現役のころは、たとえば、テーブルの上のホコリを指でさっとなぞって、『掃除したぞ。これがいまの世の中の汚れてる部分だ』なんて偉そうにね（笑）。そういう意味では今の取材は、みなさん心の奥のことまで話してくださっているように感じています」

――政府の対策はどうか。また、これから被災地はどうなって行くのか

武内「10年間、政府は予算を出してくれて確かに街は復興してきました。でももう少し、被災地が元気を出せるようになるまで産業や農業、漁業などを支援して欲しいです。そうやって被災地の人たちが元気になったら、これからどんどん恩返ししていけると思うんです。敢えてこれからの10年に何か言うなら、これからは東北が恩返しの出番になってくるということですね。首都直下、南海トラフ、道東など三つの大きな地震はいつ起こってもおかしくない。また必ず災害は起きる。そのときに、10年間のノウハウを我々は持ってきた。それを発揮するときが来ると思います。私がニューゼで館長をしていたとき、アルバイトの30代の女性が『3日間休みをください』って言うんですね。『いいよ』と言うと『熊本地震があったので行く。震災のときにお世話になったから』と。彼女はワゴン車で支援物資なども乗せて1日運転して、熊本に1日いて、また1日かけて戻ってきました。私たちができることってそれなんだと」

――災害や危機管理で恩返しして行くと

武内「私は東日本大震災と、そこから復興へ歩む姿は日本の縮図だと思っています。特に全国の地方が抱える厳しい将来像と同じです。高齢化も進んだ、若い人が出て東京一極集中が進む、復興バブルの崩壊で地域の景気と経済が厳しい。私は地域の若い人たちと飲みながらよく話すんですが、『縮図だ。だからこそここでいろんな知恵を出して街を作ろう。成功例になろうじゃないか』と。地域に残っている若者たちは共感してくれます。ここにはうまいコメもある、魚がある、野菜がある。知恵を尽くせば何か生まれる。そんな思いで日々を過ごしています」

❸ 村山富市「トップリーダーの覚悟」

むらやま・とみいち　1924年、大分県生まれ、明治大学卒。日本社会党から立候補し、大分市議会議員に。大分県議会議員を経て衆議院議員として国政の舞台へ。社会党の国会対策委員長、委員長などを歴任。93年、非自民の細川連立に加わるがのちに離脱、自社さ連立政権の発足に伴い第81代内閣総理大臣に就任、在任中の95年1月17日に阪神淡路大震災が発生。その後、社会党を解党し社会民主党（社民党）を結成、党首や特別代表を歴任後に引退。在任時、アジア諸国へ対する戦争総括の「村山談話」を発表した。

本稿執筆中に、トレードマークの長い眉毛、愛称「トンちゃん」の笑顔を見た。テレビ大分のYouTubeのニュース映像。村山富市元首相は2024年3月3日、100歳「百寿」の誕生日を迎えた。

「100歳の実感はないが、無理をせず、自然体で暮らすことかな。一日一日、家族と過ごせることを幸せに思っている」

「週3回、デイケアに行き、一日2回の散歩と体操を続けている」

村山氏は社民党を通じて、そうコメントした。

1994年6月、自民党、社会党、新党さきがけによる自社さ連立政権の首相に就任した村山氏。社会党の首相は、1947年の片山哲内閣以来47年ぶりだった。93年に自民党が下野して野党8会派が細川護熙連立政権を樹立。日本でも政権交代という緊張感のある政治体制ができ上がった。

ところが、権力への強い執着心としたたかさを持つ自民党は、何と55年体制といわれ長く政治的対立を続けてきた社会党を連立8会派からはがして取り込み、しかも社会党の村山氏を首相に担ぐというウルトラCで政権に返り咲いたのだった。

その村山氏、しかし激動の政治に直面した。中でも、95年1月17日の阪神淡路大震災、さらにその年には地下鉄サリン事件もあり、日本政治の危機管理能力が問われた。

村山氏が向き合った阪神淡路大震災は、多くの失敗と挑戦があり、それはその後の自然災害に対する政治・行政のあるべき姿を大きな教訓として残した。

2011年、阪神淡路以来の巨大地震と大津波が発生した東日本大震災の直後、私は村山氏と対談した。

村山氏は、当時の失敗こそ教訓として生きるのではないかと取材に進んで応じてくれたのだった。阪神淡路大震災の発生時の様子、官邸の動きなど、何が起きていたかをリアルに、包み隠さず、また何が必要かを語ってくれた。

――東日本大震災では、当時の記憶が呼び起こされるというか、思うところはずいぶんあると思います。厳しいようですが、当時の対応で失敗や力足らずなところがたくさんあったはずですが、それが今回の東日本大震災に教訓として生きてくると思うのです。そのあたりをぜひ聞かせて欲しい

村山「阪神淡路大震災の1月17日、朝6時のテレビニュースを見たんです。その朝は、社会党の委員長だった山花貞夫さんが政治志向の違いから会派を離党してリベラル勢力で結集をするという話があってね。それが最初のニュースであったんです。そして、その次にこの阪神淡路の地震のニュースがあった。そのときには、神戸の様子なんか映像も出ていなくてね、京都とか彦根とか出てましたよね。もう神戸などは通信網がだめになって、情報が取れないのかと思いました。それで僕は京都のある友人に電話かけて『どうだったのか』と訊いたらね、『京都は揺れが激しかったけど幸い被害はない』と。正直に言いますが、そのときはまだああ良かったなという程度にしか受け止めてなかったんですよ。するとその直後にすぐ秘書官から電話がかかって、『大変なことになっている。大きな地震で被害も大きくなりそうです』と。『だけどまだ実情がよく分からないので分かり次第、連絡し

ます』と。さらに官房長官からも連絡があって官邸に向かいました。官邸に行ってから、主管の国土庁に盛んに連絡を取るけどよく分からない。あのときは結局テレビが一番どんどん情報を流していました」

――そのあとは？

村山「緊急に省庁の幹部や閣僚などを集めて会議を招集して、対策本部を作ってやるようなことになったんだけどね、とにかく情報網が途絶えて、的確な情報が入らなかった。それも含めて『初動』の対応はやっぱり遅れました。これについては、僕はもう率直に謝った。これはもう何と言われたって弁明のしようがない。それはもう謝らなきゃいけないと。でもとにかく立ち止まっていられない。謝って、とにかくそこから先に何かをやらなきゃならない。そしていろいろ取り組んだ」

石原信雄元官房副長官の話にもあったように、阪神淡路大震災の際、村山政権は初動が遅れた。村山氏やその周辺に「危機管理の経験の浅さ」もあったが、一方で、当時は危機管理の体制や法整備がまだまだ不十分だったことも挙げられる。

こうした初動に対して、石原氏や連立政権を組んでいた自民党の後藤田正晴氏らが進言。村山氏は「自分の能力がない」ことを素直に認め、逆にできることは何でもやると動いたことが奏功した。

それは、現地に責任者を派遣して、「現地のことは現地が一番分かる。現地ですべて決めていい」と権限を与えたことだ。そして村山氏が「責任はすべて自分が取る」と明言したことだ。

災害は遠く離れた官邸や霞が関では分からないことが多すぎる。多少の法律違反や規則違反、前例のないことであっても、現地が必要というならそれを実行するという危機管理の在り方を示したものだ。

また、「責任はすべて取る」というトップリーダーの覚悟が重要だという点でも、村山氏の初動以降の行動は、危機管理の在り方に一石を投じたと言える。


――具体的には、どんな取り組みを?

村山「一人に集中するんじゃなくて、それぞれ持ち場があるはずですからね、だからつかさつかさで持ち場に対して全力を挙げて取り組んでもらえるような体制を作りました。そして、官邸の連中や自民党にも相談して、自民党の小里貞利さんを現地に派遣する防災担当大臣にした。適任だったと思います。あの人はもうよく動くしね、それからもう現地と東京との間を行ったり来たりするしね、そしていろいろ情報を報告してくれるし。まず官邸に僕を本部長とする対策本部を作って、メンバーは閣僚たち。そして、現地の県庁の中に小里さんを長とする現地対策本部を作って、各省の担当局長を初陣として現地に張り付けたんですよ。各省から幹部を派遣したのは、現地で必要なことをどんどん決められるように、各省から。つまり政府を現地にもう一つ作ったんだね」

――小里さんには、どんなことを指示したのか？

村山「小里さんに言ったのは、現地のことは全部現地で決めていい、僕には確かに経験や能力がなかったかもしれないけど『責任はすべて取ることはできる。だから現地で必要なものは決めていい』とね。そこには、県庁やら地元の人たちも全部入っていたからね。あの仕組みが、僕は非常に良かったと思うんですよ。これは、石原信雄さんという官房副長官が長くおられたでしょう、あの人はもう官僚の仕組みというものをよく分かっていて、よくわきまえている。あの人の提案と知恵をもらった、それが発揮されたと思いますよ。石原さんと五十嵐（広三）官房長官と僕でしっかり相談をして、その仕組みを作ったんですね。もちろん自民党は連立を組んでいたから全面協力、野党もそうした組織を支持してくれましたね。現地にしっかり現地で決められる仕組みを作れとね。評価してくれましたよ。もう野党も与党もないんですね。国会も、各党もね、それから官僚も全部一体となって取り組んでいったというような体制ができたと思うんですよ。僕の最初の取り組みは遅れてそれは痛切に反省しても足りないくらいだけど、石原さんなんかは最後に『それを挽回して、余るものがあったんじゃないですか』とおっしゃってくれました」

――危機管理というのは、現場主義、そしてトップ、つまり首相がすべての責任を負うということなんですね

村山「僕らまあどっちかと言えば、自分でやれったって何もできないほうだからね、うん（苦笑）。そうでしょ。でも、やっぱりそれぞれの場で事に当たっている人、特に現地にいる人はね、一番現地のことは分かるわけだし何をしなきゃならんか、何が必要かっていうことも分かるわけですからね。だから、そういう意味ではその災害現場を担当してる責任者に責任を持ってもらう。そして、最終的には総理大臣が責任持つと。それは当然の話でね。あの現地を見たときにこれはもう尋常じゃない、有事ですよ。だから、あなたが現地に行ってこれやらなきゃいかんと、これはこうすべきだと、思ったことがあったらもう思い切ってやってくれと。もし法律が必要なら法律を作るなんていうことはやるし、改正してもいいんだし、だからそんなこと心配せんでいいからやれと。阪神淡路もそうだったけど東日本も、あらゆる大災害はそうあるべき」

――トップリーダーがすべて責任を取ると決断するのは相当な覚悟がいる

村山「後藤田さんがね、震災があった2日目かな、官邸に来てね、僕に言うんですよ。それはね、『地震というのはもうこれは天災だから、人間の力としてはもうどうにもできない。これは天災だからしょうがない』と。『だけどこれから先は、復旧・復興も含めてね、人間がやるんだから、下手をしたらすべて人災になりますよ。だから頑張ってください』と。私はそれを聞いてね、まさにその通りだと。いいことをおっしゃってくれたと本当に思いましたね。もうできることは何でもやろうと、そういう風に思いましたね。ある程度落ち着いたあとに後藤田さんがまた訪ねてきてくれて、『よくやった』と言ってくれました」

――「天災は人間の手では止められないが、そこからあとは人災」というのは、政治・行政が災害対応するときに自らに課す、まさに教訓、名言だと思います

村山「災害は政局にしてはいけない。東日本大震災についても与野党を超えて集中してやらねばいかんというような雰囲気を作って行かなければなりませんね。そういう政治体制を作って行くのはやっぱり与党の責任ですよ。東日本のときは民主党が、政治主導だなんて突っ張らずにこの震災に関してだけは官僚にも相談し、自民党の経験者たちの意見も取り入れるべきでした。災害で果たすべき与党の責任というのは僕に言わせたらそういうことなんじゃないですかね。被災者なり国民が見て、信頼できるようなものにしていかないと。責任の所在とか、災害のときの総理や閣僚、与党幹部や政治家のモノの言い方は、やはり十分に配慮していく必要があるのではないかと」

——東日本大震災は、初期に現地に本部を作らずに対応した。阪神淡路の教訓が生きなかった

村山「阪神淡路の場合と東日本とは規模が違いますから一概には言えないかもしれません。それに阪神淡路は地震だけですからね。東日本の場合には津波や原子力発電所の事故もあって、それがさらに大きくのしかかってきましたからね。比較にならない部分も多いですからね。しかし、いまおっしゃったように、誰がどう動くのか、誰が何を指示するのか、誰がどこの責任を持っているのか。特に総理大臣はどんな立場で、どの分野でどんな指示を出すか、どう行動するかが重要でしょう。それが、見ていてもよく分からないというようなことになって、不安感を現地の行政や政府内にも与えたんじゃないか。たとえば、僕は阪神淡路大震災があったときに、総理はすぐ現地に行くべきだという声も官邸内にあったんですよ。でもすぐに行かなかった。総理は感度が鈍いなんて批判もされましたけどね」

——なぜ行かなかったのか？

村山「僕は、大混乱しているところに総理が行ったら、警備から何から、みなせないかんわけですから、これはかえって現地に迷惑かけるし混乱を大きくすると。だからもう少し様子を見て落ち着いてから行ったほうが現地のことも分かるし、話も聞けるし、いいんじ

ゃないかと。まずは小里さんを派遣してすべて決めていいという体制を作っているんだから。それで、僕が自分の意思で『まだ行かない』と言って、しばらく経ってから行ったんです。菅（直人首相）さんは、すぐに行ったんだよね。地元に混乱を与えただけじゃないでしょうかね。僕は遅く行ってやかましく言われて、菅さんは早くいってやかましく言われた。だけどそれはやっぱり僕の判断の方が正しいと思いますよ」

１００歳を迎えたコメントの中で村山氏は、今の日本の政治について思うこととして、「日本がどこまでも平和な国であり続けることを願っている」とした。

村山氏が言う「平和な国」――。

私は思う。「平和」の対語は決して「戦争」だけではない。「自然災害」もまた対語ではないのか。なぜなら「自然災害」は有事だからだ。自然が国民の命を奪いに襲ってくる。つまり戦争そのものだからだ。

ならば、「平和」のために自然災害に対する危機管理を備えることは日本政治の責任ということになる。

国民の命や郷土を守る自然災害への危機管理のあり方を、その経験から自らの失敗も隠さず、村山氏は貴重な証言として残してくれた。

❹

村井嘉浩「創造的復興が必要」

むらい・よしひろ　１９６０年、大阪府豊中市生まれ。84年防衛大学校本科を卒業、陸上自衛隊幹部候補生学校に入校。同年9月陸上自衛隊に入隊し、東北方面航空隊でヘリコプターパイロット、宮城地方連絡部募集課広報班長などを経て92年に退官。その後、松下政経塾に入塾し、95年宮城県議会議員選挙で初当選を果たし3期連続当選。２００５年に宮城県知事選挙に立候補し当選。自衛官出身者では初の都道府県知事。東日本大震災で宮城県は甚大な被害を受けたが、その中で東日本大震災復興構想会議の委員や復興庁復興推進委員会委員を務める。

「創造的復興」――。

私が、宮城県の村井嘉浩知事の口からその言葉を聞いたのは、東日本大震災から2年が経った２０１３年4月、じっくりと村井知事と向かい合ったときだった。宮城県庁を訪ねた。

村井「やはり同じ復興でも、創造的復興をやらなければと思っているんです」

――創造的復興？

村井「単なる復旧だけでなく、それに様々な付加価値も加えて、新しい宮城県をしっかり復興していこうということです。でも、付加価値や改革は既得権とぶつかりますね。漁業にしても農業にしても従事者の方たちと膝詰めでみなさんと話をさせて頂いているんですが、もちろん総論賛成なんですね、再構築しましょうと。でもそれをやろうとすると必ず損をする人が出てきますから、その人たちからすれば待ってくれということになりますよね。創造的復興っていうのは簡単じゃないという気はしますが、私は全身全霊でこれをやって行きたいんです」

私が村井知事から話を聞いたのは、あの時から2年。だが被災地では、まだあの時のまま時間が止まっていた。宮城県内で津波に襲われた沿岸部の町並みは、家屋の瓦礫がまだ多く残されたままだった。

2年目の現地取材では、こんなこともあった。

この年の2月から3月にかけて、宮城県仙台市内や岩手県盛岡市内のホテルは予約で一杯だった。

あるホテルのオーナーはこう言った。

「実は予約しているのは地元の人たちが多いんです。2年経って、ようやく親族が亡くなったことを受け入れることができたということです。生き残った親族などみんなが集まって、法要をやって供養しようという、大人数の食事の会合などの予約で一杯なんです」

死を受け入れるまで2年かかった。一方では、家を失い仮設住宅などで暮らしながら、まだこの先の人生すら考えられない被災者もたくさんいた。

ただ、行政はこうした被災者に寄り添いながらも、復旧から復興へと駒を進めなければならない。

村井知事は、その復興についてあえて「創造的」と名づけ、災害復旧政策の新しい理念や形を早々に作ったのだった。


――「創造的復興」をもう少し具体的に聞かせて欲しい

村井「震災のあった2011年の3月11日から10年間で、創造的な復興を成し遂げようということです。10年を、3年、4年、3年という期間に区切りました。最初の3年を復旧期、これは最低限元に戻す復旧期ですね。それで次の4年間は再生期、いわば種をまく時期です。そして芽が出てきたらそれを刈り取って、大きく伸ばしていく発展期を最後の3

年ということにしました。そして、10年後の3月の10日には、すべてを終わりたいという
ことで計画を立てたんです」

――3・4・3年の具体的なメニューとは、どんな段階を考えたのか？

村井「10項目の柱を立てました。たとえば1番目のまちづくりは高台に。あるいは海から離れたところに新たにつくり直しましょう。2番目は水産業。元に戻す水産業ではなくて142ある漁港も集約化していこうと。宮城は水産県です。それをすべて元に戻すのではなくて、必要なところには積極的に投資をする。最低限の修復だけするところは修復するだけと。これが全力を挙げている『水産特区』です。3番目は農林業なんですけれども、これも大規模化、集約化をして、高齢化そして就労者不足が非常に顕著ですのでこれも民間の力をできるだけ入れて行こうと。10項目ありますが、要するに創造的復興というのは、復興の名のもとに作って行くものを、今までと違う形で付加価値の高いものに作り変えて行こうと考えたということです」

――被災地がハンディをバネにして新しい政策にして、それがやがて被災してない全国に広がっていく――。そんなイメージ？

村井「はい。漁業などだけでなく農業もこの機会に集約化をするという。今まで小さな田んぼがたくさんあったんですけれども、全部津波でやられて塩を被りましたので何とかし

なければならない。ならば、まず面的に大きく集約化しましょう、そして経営を大規模化しましょう、民間にもやっていただきましょうと。そして、作るものも付加価値の高いものをどんどん作って行きましょう、米ばかりじゃだめですよと。さらに災害に強い農村作りということでバッファーゾーンを作り道路を高く盛り、内側の建物を守るといったような農地をこの先は整備して行こうと」

村井知事が創造的復興の最初の旗として掲げたのが、日本初の水産業復興特区（以下、水産特区）だった。

内容は、復興の一環として、宮城県の誇ってきた水産業において地元漁業者以外にも外部の企業や法人にも漁業権免許を与えるというものだ。それまで漁業権は漁業協同組合の組合員に優先的に与えられていたが、これを民間企業に開放するいわば規制緩和。特に、地元だけでは再開が困難だった養殖業について、２０１３年に水産庁の同意を経て、日本初の水産特区に認定された。

しかし、村井知事が語っていたように、これまで長年、地元で漁業に取り組んできた漁協関係者や地域にしてみれば、改革は自分たちが築いてきた産業への企業の乱暴な参入でもあり、慣習や既得権ともぶつかるため、そう易々と賛成はできない。

さらに、当初は村井知事が積極的に進めたことから、話し合いや合意が後回しになった面も否めない。

最終的には、漁業協同組合と知事の会合で前へと進んだが、漁協組合員の一人は当時、私にこう話した。

「特区の話は以前から出ていたこともあって村井知事の創造的復興というのは分かるが、漁民にしてみれば、漁業権を奪われていくという不満は大きい。震災で3分の1の漁民がいなくなった。宮城の漁業を守るためにはそこを企業でカバーするというのが知事の考え。しかし、残った漁民で頑張れば収入も上がっていき、この地から離れていった漁民も戻ってくるかもしれない。知事には、常に我々と話し合いながらやっていって欲しい」

――村井知事が提案した宮城県の水産特区は、いろんな議論を呼んだ

村井「これはもちろん宮城県の復興をかけた政策ですが、日本にとって大きいと思っているんです。簡単に言えば、漁業権を民間に開放するという特区。本来の法律では、漁業権は優先順位が決まっていて、第一義的にはその地域の漁協、そして漁協がそこをいらないとなった段階で初めて、民間の人たちがやることができます。しかし、逆に言えば大きな既得権益のようなものになってるわけですね。それを今回、震災で壊滅的な被害を受けた漁業を何とか復活させていきたいと、民間のお金とノウハウと力を入れてやっていくというものなんです。漁業を復興、復活させるために、すべての海ではなく一部のエリアですけれども、これを民間に開放してはどうかという特区なんですね。そうなるとどうしても全漁連、また宮城県漁協などは、反対や慎重にという声が出ます。そういう現場の方たちと話し合いながら時間はかかったんですけれども、何とか法律の範囲内に収まるようになったということで申請に踏み切ることができたというのが経緯です」

大災害だからこそ、その復興を大義に前例にとらわれず新しい行政の仕組みやまちづくりができる。しかし、それは、地元の人たちにしてみれば、震災直前までずっと営んできた地域経済の形を捨てるということになる。合意には難しさがあるのは当然で、自治体やそのトップの説明責任や主導性が問われる。

つまり平たく言えば、復興というのは「元通り」にすることなのか、いやそれを超えた「発展的な形」にすることなのか。復興政策の主役である地方自治体には、今後も災害のたびに迫られる選択だろう。

――「創造的復興」は他の分野でもあるか？

村井「実は医療分野もやっています。今回津波で病院も流されたのですが、そうすると患者さんのデータとか薬のデータも流されてしまった。そこで、いろんな病院のデータをどこか遠く離れたところのホストコンピューターに保存できないかとやっています」

――本来カルテなどは、どの病院もなかなか外へは出さないのではないか？

村井「正直に言えば協力してくれる病院もあれば、協力してくれない病院もあるんです。これはもう一つずつ説得してお願いしていくしかないんですけどね。一応、沿岸部の被災したところには全部お声がけをしてやっています。そして東北大学という宮城県で一番大きな医学部のある病院がありますから、ここを拠点にしながら中核病院を作って、周りに小さな病院だとか老健施設だとかを作って、情報をなるべく共有化して、病院に行かなくても在宅でも診療を受けられるようなことにもつなげていければと」

――この仕組みの実績は、医療・介護と病院や施設のあり方として全国の先例になる？

村井「その通りです。なると思います」

――それから創造的復興にはエネルギー政策もあると？

村井「新たな高台、津波も考えて海から離れた場所に新たなまちづくりをするんですが、その際には、市町村長さんたちと話をして、やはりスマートシティ、スマートタウンに取り組もうじゃないかと。ただ太陽光パネルを設置するだけではなく、町全体でエネルギーを効率的に使えるように、たとえば電気を蓄電池で溜めて、災害時にはそれを町なり病院なりに供給できるような仕組みを作りたい。さらにその町では、エコカーなども活用しながら電気を共有できるようなまちづくりをしましょう、ということで進めているんです。被災した、ほとんどすべての町でこの取り組みはやりたい。ただやはり首長さんの考え方で多少仕様が変わってきますので、県としては『横串』の役割を果たして、できるだけ同じ仕様で、隣の町同士でまったく違う形にならないようにしようということをやっています。岩沼市などは災害時にも電気で照らされるような町を作ろうと取り組みを進めていますし、沿岸部の漁港辺りはそうやって蓄電池を使って災害時でも水産業が稼働できるようにしようといった取り組みも始めています」

——これも別に被災地ということだけじゃなくて日本全国でモデルケースになる？

村井「普通はスマートシティっていうのは、大都市の中心で人口が多くて若い人たちが住むところで実験的にやっているケースが多いんじゃないですか。でも今回は被災をバネにしてやります。過疎化が進む、高齢化が進む町で作るということなので、何らかの成果を出せれば、少子高齢化が進む全国各地で今後どういう町を作ればいいのかというモデルを示すことができるのではないかと思っています」

——村井知事の復興策は、全国の自治体が被災地を支援するどころか逆に被災地から学ぶというようなものを目指している

村井「この復興は国民のみなさんの増税によって成り立っていますから、私たちは何らかの形で国民のみなさんに恩返しができるような復興にしたいと考えたんですね。何か、まちづくりのモデルになるようなものが実現できればいいなと。そのためにはいろいろ抵抗もありますけれど、しっかりとやるべきことはやっていきたいと思います」

村井知事の掲げた「創造的復興」は、被災地の中にとどまらず、被災地の外の自治体へ向けたまちづくりのモデルケースを目指すものでもある。「復興」の理念に一石を投じたと言える。

――そして、ぜひ訊きたいのは、危機管理の際のトップの決断という点。孤独だろうし、決めたことには責任を負う、不平等なこともやらなければならないし、批判もある。そのあたりのトップの心の内とは？

村井「震災直後、頭は真っ白になったんですけどね。しかし、もうこれは天命だと思おうと。それで、何をやるにしても宮城県全体の発展を考えて、これから生まれてくる子どもたちに理解してもらえるように。そして亡くなった御霊ですね。1万人以上の方が亡くなりましたから。1万人の人たちの犠牲の上に復興があるわけですから、あの1万人の人たちが自分たちの死は無駄ではなかったと思ってもらえるような、そういう宮城県を作ろうと思いました」

――そんな混乱の中で何をやった？

村井「被災後に決断して一番最初にやったことは、建築制限をかけたということ。宮城県だけなんですよ、沿岸部に建築制限をかけたのは。家が1軒、工場が1棟建ってしまうと、そこでもう今後の、未来の、まちづくりが止まってしまいますので、これはもう止めようということで止めました。県民からは、お隣の岩手県は自由に作れるじゃないかなどと随分批判を受けたんですけれども、そこから私のいわば思い切った決断というのはスタートしましたね。その他にもいろんなことをチャレンジしましたが、やっぱり賛成する人もいれば反対する人もいる。しかし最後はもう覚悟というか、『何かあれば自分は知事を辞めれば、責任を負えばいいんだ』と。そう思えば思い切ったことがいろいろやれます。そうやっていくと、水産特区もそうですが、最初はいろいろ漁業関係者の県民のみなさんの反対、水産庁からもいろいろご意見があったんですけれども、やっぱり私の覚悟や『何のためにやりたいのか』という思いをずっと繰り返していると水産庁も分かったと」

――村井知事は自衛隊出身でもあり、危機管理については体得してきたものもあると思うが、ただ今回実際にこんな大災害に直面してどうだったか。いま頭が真っ白にと言ったが

村井「もう最初の頃は本当に混沌とした状況だったものですから、まず情報が入ってきま

せんし、道路がずたずたで食べ物もない飲み物もない燃料もないで、宮城県の15%ぐらいの方が避難所生活、残りの85%の人たちも買い出しにも行けない。スーパーが開いていない、そしてご遺体が、何と一日に最大１０８０体も見つかった日があるんです。一日でですよ。一体のご遺体が出ただけでも大変なのに１０８０体。ただそれが最大なのか、次の日にもっと出るかもしれないですよね。収容する棺を１０８０個準備し、ドライアイスを準備し、全部検死をして、遺留品を全部失くさないようにきちっと保管しなきゃならないし、安置する場所も探さなきゃいけない。それにあの瓦礫が、20年分ぐらいの瓦礫が一瞬にして生まれたわけですから、それは想像を絶する大変な状態で、それが現実でしたからね。そのときに、私がいい加減な指示を絶対に出してはならないので、対策本部でみんなの意見をしっかり聞きました。適時適切に誰が、誰と誰がどういう打ち合わせをする、そしていつまでに誰が責任を持って結論を出すか、ということを災害対策本部で決めるようにしました」

——慌てず混乱せず、逆に手順や確認作業をしっかりやったと

村井「それともう一つ、すべてを私はオープンにしたんです、災害対策本部会議を全部オープンにしました。本部会議は極度の状態ですから喧嘩みたいになってくるんです。でもそれも全部マスコミにオープンにしました。情報を隠さないことは、被災者の信頼を得るには絶対に必要ですし、オープンにすることでいい考えとか対策とかが研ぎ澄まされていきます。そこで私はとにかく冷静になれ、冷静になれと言い聞かせて采配をして、じゃあ、あなたとあなたとあなたでこの問題についてはいついつまでに結論を出してくれと。で、いついつの災害対策本部で報告してくれ、といったようなことをやり続けました」

――新潟県中越地震のときの森民夫長岡市長にも随分話を聞きました。首長は、災害のとき、決断するときには誰にも相談せず一人で悩んだ、そして決めたと

村井「分かります。私の場合こんなことがありました。たとえば灯油を被災地に配ろうと思ったんです。ある製油所が火災を起こして使えなくなって、津波でパイプラインもやられて動かなくなってしまって。ところがタンクにはたくさん灯油が残ってるんですよ。その栓をポンと抜くと灯油が出てくるんですね。そうやって灯油をドラム缶に入れて運ぼうと思ったんですね。灯油とか重油はいろんなことで使えるし、重油などは車に入れるとディーゼル車が動くんですよ。ただ、これは違反です。トラックなどには軽油取引税がちゃんとかかった軽油を入れなければならない。だからむやみに製油所から灯油などを勝手に出して配ったら、使い道次第では違法になるんですよね。でももう、生きるか死ぬかですよ。私はもしこのことが明らかになって国がだめだって言うなら、もうそれは私の権限で出しちゃおうと思ったんです。でも国はギリギリで許可を出してくれましてね。経産省は許可を出して特別に認めるっていう文書をくれました。そういうことはいろんな場面で、たびたびありました。違法行為ですけどね、でも、みんなもう凍えてるわけです。いざとなったら辞めようと思わないと、腹を切ろうと、切腹しようと思わないとできないですね」

❺ 達増拓也「復興は日本全体への構想でもある」

たっそ・たくや　１９６４年、岩手県生まれ。88年東大法学部を卒業後、外務省に入省。在米大使館書記官、外務大臣官房総務課長補佐などを経て、96年総選挙に新進党から立候補し初当選、以後４期連続当選。小沢一郎衆議院議員の側近の一人。２００６年に岩手県知事選挙で45万票を獲得して当選。東日本大震災後は復興庁復興推進委員会委員などを歴任。

東日本大震災の復興へ向けて一気に表面化し、地方自治体の首長たちが直面したのが「土地」問題だった。

津波が一気に家屋や店舗をさらい、瓦礫の山になり、その跡は更地に。復興に向けて区画整理して再整備するにも、また高台など新たに広大な土地を確保して災害復興住宅を建設するにしても、そこで大きな壁になったのが所有者不明の土地だった。

被災地の一つ岩手県で、達増拓也知事はこの土地問題と格闘し、問題点を私の取材で提起してくれた。私が県庁を訪ねて向かい合ったのは、東日本大震災から2年が経った２０１３年４月だった。

——政府にしても永田町にしても、2年が経過して、復興復興と口にする人が多くなってきた。しかし、私が取材に入るたびに思うのは、現地にはまだ抱えているものがヤマほどあって、とにかく中央と被災地の乖離が気になる

達増「圧倒的な巨大災害でしたので、岩手県だけでも亡くなった方、未だに行方不明の方を合わせて5841人というのが現在の数字で（2013年4月現在）、まずそのことだけでもこの2年間というのは非常に重い2年間であったわけです。また、岩手だけの数字ですけれど、未だにおよそ4万人（同）の方々が仮設住宅やその関係の住宅で不自由な生活を余儀なくされているわけで、その方々にとっての2年間というのは本当に長く辛い2年間だったと言えると思います。一方で、応急対応から、確かにだんだん復興の方にフェーズも移ってきているわけです。たとえば、漁業の漁獲量とか、あるいは商工関係者の事業の再開とか、そういうのは6割から7割くらいのところまで回復はしてきているんですね。岩手の沿岸地方の税収の額も、大震災前の水準に次第に戻ってきているというところもあります。しかし、一方で住む場所については、仮設住宅での生活が長期化してきていて、次に住む場所ということについては、高台移転とか区画整理とか、その用地の手続きの段階が大変難しくそこで止まっていますので、2年経っても何も進んでいないという感

覚はその辺から生まれてきていると思います」

――その高台移転などについては、進展状況はどうなのか？

達増「そうですね。１００カ所にそれぞれ１００戸ずつというようなスケールでやっていかなきゃなりませんから、そういう大変さがありますね。それに、実際に始めてみてとても大変なのが用地交渉なんです。本格的な持ち家債権の部分っていうのは、いま誰かの土地所有になっているようなところを用地取得して、そこを造成してやっていかなきゃならないので、まずその用地交渉というところから大変なんです。その後に造成して、測量そして整地という段取りになっていきますので何年もかかってしまうんですね」

――用地を扱う場合、こういう災害のときは相当苦労があるようだ。地権者それぞれに譲るとか譲らないとか、その土地にいろんな思いがあるし、津波でやられ一体誰の土地か分からないとか、移す先の高台や山が誰の所有か分からないとか

達増「地権者との交渉というのは、そういう所有者を探して移転の土地を確保したり、すべて市町村の職員がやるんです。用地担当の職員はかなり慣れているし経験もありますが、これだけの被害ですから人数が圧倒的に足りません。だから必然的に時間がかかりますよね。問題なのはおっしゃったように、この土地の所有者が津波で行方不明になっているとか、山の方の土地などですと所有者がもう何十年も前に亡くなっているのにしっかりそれが相続されてなくて誰のものでもなく、また相続可能な人が何十人もいて一人一人に了解を得なきゃならないというようなことが、あちこちであるんですね。そういうケースについて、この土地所有者がいま行方不明だったり、はっきりしていないところについては、市町村がその権限で処分できるようにというような特例を定めてもらえれば、かなり早くなると思います。これは何も今回の震災だけでなく、過去の震災後の復興などでも繰り返してきているんです。今回も震災直後からずっと政府には言ってるんですが、なかなか堅いんですよ」

――なぜ政治決断して法改正なり、特例なりをやれないのか？

達増「一般的な話としてですが、単独省庁でできる仕事については、国の仕事はかなり早いです。典型的だったのは自衛隊の展開ですよね。これはもう自衛隊の権限でやれる話ですから、ものすごいスピードで展開して動いてもらいました。あとは、たとえば国土交通省の道路を切り拓く作業。必要なところに新しい道路を作っていくというような国交省が独自にやれる作業は非常にスピーディで予定よりも早くできているようなところがあります。ところが問題なのは複数省庁にまたがることについてです。これは非常に遅いし、またいつまでも決まらないですね。発災直後の燃料不足っていうのがまさにそうで、これも法律や許可や取り扱いなどが複数省庁にまたがる話で、なかなか被災地に燃料が届かなかったんですね」

――土地についてもまたがっている？

達増「そうです。土地についても実はいろんな省庁が関係しているんですよ。土地に関する所有権や譲渡などについての法律や登記など、それらは法務省とか、あるいは憲法解釈については法制局とか、内閣法制局とかが絡んでくるんです。さらに、土地の移転や造成の事業については、あるものは国土交通省マターだったり、あるものについては農林水産省マターだったりとか、そういった中での調整がなかなか決まらないというところがあります」

――土地問題は相当に重くのしかかっている？

達増「こういう事態になって国が全面的に力を発揮してほしいのは、もうずっと言い続けているんですが、まずこの用地手続きの簡素化というのが一つ大きいです。二つ目は、市町村でこの用地関連の担当職員が津波の犠牲になったところもあって、マンパワー不足、ここを補う人的支援を国の方からもやってほしいということ。復興庁という縦割りの弊害を克服するための復興の役所というのができましたが、そもそもできるのが遅れたし、できたけれども各省にまたがるような問題の調整というのは、なかなか手が付かないというところがありますね」

達増知事の再三の訴えなどにようやく国も重い腰を上げ、東日本大震災復興特別区域法を改正して土地収用手続きの緩和を行った。

また、国は2018年に関係閣僚会議を設置し、同年6月には所有者不明土地の利用の円滑化等に関する特別措置法を作った。所有者不明の土地については、地域の公共的な事業のために10年を上限として、そうした土地に使用権を設定できることになった。

東日本大震災の教訓がようやく生きた形だが、発災から7年も経ってのこと。その間にも自然災害被害はたびたびあって、そのたびに地方自治体は区画再整備などに人員や時間を取られてきた。

達増「災害時の国の縦割り問題は予算についても同じです。ここへきても霞が関が権限を手放さないというか、復興関係の予算についていろいろ復興交付金とか新しい制度も作られはしましたが、やはりかなり紐つき補助金みたいな感じが多い。自治体が自由に使えるような感じになっていない。復興庁もできたものの、補助をする場合はやはり5つの省庁にまたがっていて、しかも中身も40の事業みたいな適合条件がありますしね。もうちょっと市町村や県の使い勝手がいいようにやって欲しいということですね。これから多少はその要件も緩和されていくという見方もありますが、なぜ最初から自由に使えるようにしないのか」

——大災害時の危機管理のための政府の組織の設計図は、日本の災害の歴史を見るとうまくいっていないケースが多い。絶対に必要な要素は、平時の法律や縦割り組織を平気で壊すということではないか？

達増「私は3月11日の5日後の3月16日には早々に申し上げた。それは、復興院、関東大震災のときの帝都復興院という岩手出身の後藤新平さんが総裁になった組織をイメージして、これを作るべきだと官邸に申し上げたんです。後藤新平さんは当時内務大臣を兼ねていたから、今でいうと4つか5つぐらいの省庁の大臣をしていた人なんですが、この人が復興院の総裁になったんですね。ということは各省庁にまたがって権限が絶大。すべて決めていいという危機管理の際の意思決定のありかたですね。ですから、今回の東日本大震災でも、副総理大臣級の人を復興大臣にして復興庁を立ち上げて、そこが先頭に立って権限をもらって、いろんな省庁など関係なく何でも決めて復旧・復興をやるんだっていう体制を3・11の直後にとれれば良かったんだと思います」

——災害時の省庁横断、「横串」を通すというのは絶対に必要だと

達増「被災地にはいろんなニーズがたくさんあるんです。いろんな国の補助金の仕組みとかを選びたいけど、ニーズが合わなかったり条件が合わなかったりして選べない。なのに、だいたい措置は終わったからいつかは減額していく。たとえば、津波被害を受けたところに再建するというのは、かさ上げの用地造成をしたあとからじゃないと本格的な再建事業ができないので、来年度とか更にその後の年度にも資金が必要になるところが出てきます。だから簡単に終わられちゃ困るんです。それから、国の予算の考え方で言うと、たとえば住宅の再建など被災者支援と産業振興っていうのが別物扱いされてしまうんですね。でも被災した市町村自治体から見れば、これは切り離せないことなんです。働く場所があって、産業がある程度ないと住めないわけですから、そういう意味で被災者支援と産業振興というのは一体的に予算を付けて整備していくものだと思うんですが、それができていない」

――国の予算の仕組みとしては、産業は産業、住宅は住宅と連動せずに組まれ、要は合理的でない、有効でないと

達増「復興というのはエリアで見る発想が必要なんです。どうしても国の政策は対症療法的な問題より個別の問題にどう対応するかというような感じになる。しかし、総合的に地域をどうするか、ひいては東北や東日本というエリアをどのような姿に持っていくかという大戦略が必要だと思うんです。関東大震災の直後の、帝都復興院の後藤新平総裁は、この機会に帝都東京をヨーロッパの諸国の首都を凌ぐような町に大改造して、そして日本全体を強く豊かにして行くんだというオールジャパンの大構想があったわけです。本当は政府としてこの日本再生というテーマと、この東日本大震災からの復興というのを融合させて、再生可能エネルギーの振興とか、農林漁業や地域資源を生かして地域の経済を立て直し、地方の経済力を高めて国民経済力を強くするとか、そういういろいろな国全体の方向性や政権構想と合致させていくべきなんです。しかし、日本再生の話と復興の話はバラバラですし、再生エネルギーも地域限定。農林水産業についても復興を目指せと言いつつ、一方でＴＰＰを進めて被災地の農業が取り残されるような方向性もあったり、とにかくバラバラです。復興の形がそのまま日本全体の今後の方向性と連動するような大戦略を国はやるべきです」

達増知事と、もう一人の当事者である村井嘉浩宮城県知事の語る「復興」には、共通点があった。それは、「復興」で新しく作り上げていく東北の町の形態や姿が、そのまま日本の将来像に直結したり、また全国の地方自治体のまちづくりモデルとなるようなものにしたいという点だ。

多くの犠牲を出して、物質的にも精神的にも壊滅的な状態に追い込まれた東北。

ただ、その失意の中から立ち上がって前へ進むために、両知事は、「復興」をより意味のある大きなものにすべきだと考えた。

たとえば、両県が取り組んだスマートシティ、新しい仕組みの漁業、住居と産業が一体化した町づくりなどは、十分にそのまま未来の日本のモデルになり得る。

それはすべてを根こそぎ奪われてゼロの状態に追い込まれた被災地だからこそ、既成概念を捨ててチャレンジできたとも言える。

また、東日本大震災に直面し乗り越えてきた二人の危機管理は、思わぬところでその経験を見事に生かしている。

それが新型コロナ対策だ。

感染症も、大地震をはじめとする多くの自然災害と同じ有事だ。政治の危機管理やリーダーの力が最も試される。

私は現場を取材してきて、危機管理の基本は次の4つだと考える。「シン・防災論」の要としてまとめておきたい。

「最悪の状態を想定する」「何をやるにも早く」「徹底した情報公開で真実を知らせる」、そして、「官僚や公務員は法律を侵せないから、有権者から選ばれたトップリーダーがいま必要なことを法を侵してでもやれと指示する覚悟、首をかける覚悟」。

達増知事と村井知事は、実はこの4つをクリアした。

新型コロナ対策では、感染者ゼロを守り続けることがもっとも難しかったが、それを当初やり遂げてきたのが達増知事。

達増氏は、東日本大震災の経験以外にも、外務省時代に公衆衛生学においては世界的にも権威を誇るジョンズ・ホプキンズ大学高等国際関係大学院を修了し、社会全体の危機管理を学んでいる。

たとえば、まだ感染拡大の2カ月以上前に、すでに感染症専門医による県独自の専門委員会を設置。人の流れを徹底して止めた。7都府県に緊急事態宣言が出される1週間も前に首都圏からの来県者に往来自粛を宣言。東京・神奈川・埼玉に1泊以上して岩手に来る人に対しても、2週間程度の自宅待機や在宅勤務を要請。県外から来る県庁新入職員20人にまで2週間の自宅待機を命じた。

さらに、感染者が出ていないにもかかわらず、何と県庁内に災害医療の専門家をトップとする調整班を常駐させ、重症、軽症、無症状の患者の振り分けをシミュレーションし、病床や民間ホテルも確保した。

「人の流れを絶ち、外出自粛で密を作らないようにした。これは感染に対する公衆衛生の基本的な危機管理。さらに医療崩壊は今でこそみんなが問題視しているが、早くから振り分けを準備するなど医学的見地でやることがとにかく早い。やれることは知事の権限で何でもやる。危機管理を最優先させた。経済優先でなかなか自粛要請を出せない他の知事とは違った」（国立大の公衆衛生学教授）

村井知事は休校の子供たちの教育格差の対応策として、何と「9月入学」を提言して全国に議論を巻き起こした。

「達増氏と村井氏には重要な共通点がある。あの大震災。規則だのなんだの言っていられなかった。早く、打てる手は何でも打つ。それを経験した二人の決断力やスピード感はすごい。さらに二人とも東日本大震災からの復興は創造的復興という姿勢でやってきた。ただ元の町に戻すだけではなく、付加価値を付けて新しい町にしていくという考えだ。村井氏の9月入学などはそう。地震も感染症も同じ」（岩手県庁幹部）

❻ 森民夫「長岡方式という危機管理」

もり・たみお　1949年、新潟県長岡市生まれ。東京大学卒業後、民間企業を経て75年に旧建設省入省、阪神淡路大震災時には建築物危険度判定支援本部長を務める。99年に故郷・長岡市長選挙に立候補して当選、2004年に新潟県中越地震に直面する。阪神淡路大震災に関わった経験も生かしながら独自の危機管理に取り組み、「長岡方式の避難行動」とも呼ばれる災害時の対応をまとめたマニュアルとして注目される。東日本大震災では、その経験から復興構想会議のメンバーにも任命された。

「長岡方式」という言葉を聞いたことがあるだろうか。

防災を本格的に取材すれば必ず行き当たる、自らの命を守るための避難行動をまとめた、危機管理のノウハウだ。私はその中身を知ったとき、政治・行政の自然災害への本質的な対応や理念、姿勢を突き付けていると衝撃を受けた。

その「長岡」とは地名、新潟県長岡市だ。2004年に新潟県を中心に大きな被害を出した新潟県中越地震で、長岡市は壊滅的な被害を受けた。

当時、まだ長岡市と合併する前だった新潟県山古志村は土砂崩れなどにより全村が完全に孤立し、村民全員が当時の長岡市へ集団で避難。文字通り、村が消えてしまった。甚大な被害の中で陣頭指揮をとったのが、当時の森民夫長岡市長だった。

森氏はその後、全国市長会の会長も務めたが、危機管理を実践する首長として存在感を示した。

地震の際には、長岡市が独自の判断で対応した数々の危機管理が、その後の防災分野で生かされている。もちろんそれは、２０１１年の東日本大震災の被災地や政府の対応などにも生きた。

森氏に私が初めて話を訊いたのは、東日本大震災の直後だった。かつて被災地で陣頭指揮を執った森氏は、問題解決に向けて具体策を発信してくれるはずだとの思いで取材した。その後も何度も取材した。そのたびに唸らされた。自然災害対応のヒントがヤマほどあったからだ。

――3月11日に地震が起きたときは、この長岡市も大きく揺れた

森「とにかく新潟県でも、かなり揺れました。何よりもゆっくりと時間も長かったからか、直感的にこれは大きな被害になると思いましたね」

――長岡市は新潟県中越地震の体験から、まず何をやったか？

森「10日経った22日に官邸に行きました。私は全国市長会の会長もしているので、その立場でも何ができるか、と。官邸では、仙谷（由人）官房副長官と片山（善博）総務大臣に会って、全国の市町村から実務に携わる職員を被災地に派遣することを申し入れ、調整をしました」

――避難所の手伝いとか救援物資を配るとか、いわゆる行政ボランティアの派遣？

森「いや、行政ボランティアは、すでに全国の自治体から現地に入っていて、第一次的にはそれはそれで大事なんですが、私の経験から言えば、実はそのあとに本格的な実務をやる職員がいないんですよ」

――実務というのは？

森「今回の大震災では市町村が壊滅状態となったところもある。役所の建物も流されてしまった、職員だって多くの方が亡くなっている。市町村機能を立て直さなければならない。なぜなら避難住民に一番近いのは市町村ですから、そこが機能しなければどうしようもない。だから、避難所の世話とか救援物資を配るとか初期のボランティア的な派遣の次は、事務処理などができる実務的な職員の派遣が必要です。これが発災後の1カ月から3カ月ぐらいでしょうか。その次に、復興段階になってくると、道路や上下水道など土木技術の仕事が中心になってくる。そうすると、今度はそういった職員を1年とか3年とかいう期間で派遣するということになりますね。中越地震のときは、62の自治体から長い人で3年間も長岡市に滞在して、長岡市のために尽力していただきました」

――単に今すぐ応援職員を派遣というのではなく、向こう3カ月にはどんな職員を、向こう3年はどんな職員をという具合に、長期にわたって派遣する骨格を作ったと？

森「とにかく、被災地の職員というのは、やる仕事はいっぱいある。それを段階的に考えて派遣していく体制を全国の自治体が考えなければならないということなんです。これをいつかルール化しなければならないと思います。今回はその打ち合わせと相談のために官邸に行ってきました」

――長岡市は、福島の原発事故から避難してきた被災者たちを早々に1000人受け入れた

森「長岡市には経験があります。だからそれをいま実践しました。受け入れている避難住民のみなさんの中には、最高齢で97歳という方がいます。車イスの方もいます。妊娠9カ月の方もいます。そういう方が、体育館でみんなで一緒に過ごすというわけにはいきませんね。経験から言うと、大事なのは住民一人一人が違うということです。避難住民とひと括りに考えがちですが、自治体は住民一人一人のことを尊重して避難生活を考えていかなければならないのです」

――1000人を受け入れている避難所も工夫が？

森「たとえば、中越地震ではこんなことをやりました。夜、小さい子供が体育館で泣き出した。そうすると、母親が周りに大変気を遣ってしまってストレスがたまるんです。こうしたお母さんたちは、やはり別のところに場所を作ってあげなければいけない。また、女性は避難所では着替え一つでもすごく気になる。長岡市では、市内の紙製品を作る企業にお願いして、紙で作った組み立て式の小部屋を用意したんです。着替えや授乳などに使ってもらった。そういう配慮が必要なんです。こういったノウハウは、地震を経験しないと分からないんじゃないでしょうか」

――救援物資について、長岡市は独自の決断をしたと聞いているが

森「全国のみなさんが、個人で被災地のために何かしてあげたい、何か送ってあげたいという善意は本当にうれしいし尊いものですね。それは、当事者だった私にも痛いほど伝わってきました。でも、たとえば、個人の方が一つの箱の中に、トイレットペーパーとか肌着とか離乳食とかを入れて送ってくださると、着いたときにそれを仕分けるのが大変な作業なんです。何万箱も来るんですね。ただでさえ職員は他にやることがたくさんある。その中で、箱から中身を出して仕分けする手間などまったくないから、倉庫に何万箱も保管されたままになってしまうんです。だから、私は、震災から最初の何カ月か、ある程度落ち着くまでは個人からの支援物資はお断りすると明言したんです」

――善意を断った？

森「そう言うのは勇気がいりました。だけどこれまで地震に限らず被災地への個人からの支援物資は、常に懸案だったんです。ずっと議論されてきましたからね。でも善意に対して言いにくい。だから初めて長岡市ではっきりと言おうと決断しました。被災地というのはそういうものなんです。経験したからこそ言えることだと思います」

個人の支援物資については、森氏が勇気をもって善意を断ったことによって、その後「長岡方式」が定着した。２０２４年１月の能登半島地震では、同じように被災自治体が早々に個人の支援物資を断った。

――そうすると個人の支援物資はどうすればいいのか

森「個人からの支援物資を直接被災地に入れずに、まずは周辺の自治体に送ってもらって、そこで仕分けしたあと被災地に送るようにすればいいと思います。支援物資というのは、被災直後の段階では企業などがストックのある同じ種類のもの、食品でも衣類でも、そうした一種類のものを大量に送り込むことが必要だと思います。個人からの支援物資はそのあとある程度落ち着いて、被災地への道路なども確保できたあたりで入れたほうがいいと思いますね」

――被災地のリーダーとして、災害対応ではどんな理念を持つべきか？

森「ここは大事なところです。行政は、通常は公平性が一番大事。不公平はいけない。これは当たり前のことですよね。でも、こうした非常時には、公平にやろうとすると時間がかかるんです。たとえば、ある避難所で問題が起きたとします。そこへ職員を派遣すると、『なぜあの避難所だけ行ったの？　うちの方でもいろいろトラブルが起きているのに』と批判が出る。でも、いま直面している問題に不公平との批判を受ける覚悟で対応する。『公平』という、ふだんは大切にしている概念をリーダー自らが覆して、不公平なものも決断して実行するということです」

――批判を覚悟で？

森「そうです。たとえば官僚なんかは、公平性をすごく意識していますから、一つの避難所で問題が起きれば、そこだけに特別な対処をしていいのか、もっとほかにも同じような問題が起きている避難所があるんじゃないか、ならば調査してそれから一斉に対処しようということになってしまうんです。それでは遅い。今、目の前の問題からどんどん手を打って行く。その不公平を恐れない決断がリーダーには必要ですね」

――被災地は長く厳しい道のりを歩いていかなければならない。政府と地元自治体の関係

について何が必要か？

森「やっぱり僕は、ひとことで言えば『現場主義』。壊れた小中学校の改築とか生活道路とかいうことは、もう市町村に任せろと。いちいち国が細かく査定なんかしない。国はやっぱり基幹の鉄道とか高速道路とか港湾とかをやって欲しい。これは新潟県中越地震の経験でもあったんですが、とにかく国の力でそういうことをしっかりやっていただけるとね、被災地の気持ちも明るくなるんですよね。道路が隣の県に通ったとか、橋や堤防ができたとか。それが僕は本来の国の役割だと思うから、そこへ全力投球してもらいたい。で、細かいことはもう市町村を大人として扱って任せるよという度量が必要じゃないかなと思うんですね」

その「長岡方式」と呼ばれるものは、他の自治体からの職員派遣プログラムの提起、避難所でのジェンダー問題や子育て環境の改善、個人の支援物資の制限などなど。

そして、この他にも、災害基金制度を作って復興のお金の使い道の自由度を上げたり、被災者の移転について本人が決めるまで待って寄り添い続ける覚悟など、長岡市が実践し、提起した災害対応には、政治・行政が学ぶべき教訓として大きな価値がある。

❼ サンドウィッチマン「僕らに風化はない」

サンドウィッチマン　グレープカンパニーに所属する伊達みきお（宮城県出身）と富澤たけし（宮城県育ち）のお笑いコンビ、ともに１９７４年生まれ。Ｍ－１グランプリ２００７王者。東日本大震災の２０１１年３月11日は宮城県気仙沼市の漁港でテレビロケ中に地震が発生、かろうじて高台に避難し津波を逃れた。その後、被災地への独自の様々な支援を続けている。

私がサンドウィッチマンの二人と知り合ったのは、フジテレビの「バイキング」（２０１４年～22年放送・司会は坂上忍）という番組だった。

サンドウィッチマンは、今や日本中に笑いを届け、レギュラー番組も多数、そして何といっても好感度が圧倒的ナンバーワンの芸人。伊達みきお氏と富澤たけし氏のコンビだ。最初はバラエティとしてスタートした「バイキング」は、のちに時事問題をテーマに出演者が意見を交わす番組になったが、二人はレギュラー出演、私は専門家として呼ばれ政治についてあれこれ語り合った。

しかし、彼らにはもう一つの顔があった。それは、２０１１年３月11日、東日本大震災のあの日から、震災と向き合いずっと寄り添ってきたことだ。その活動は地元での舞台やローカルテレビ局のメディア出演などにとどまらず、義援金や観光誘致など数えきれない。

二人は宮城県出身と宮城県育ち。あの日は気仙沼でテレビのロケ中だった。津波から高台に必死で逃れ命をつないだのだった。わずかの時間差。もしかすると犠牲になっていたかもしれない。

私が二人にじっくりと話を聞いたのは、震災から10年経った21年の3月。新型コロナ流行期だった。

――地震が発生したあのとき現場にいて、今も鮮明に覚えていることは？

伊達「臭いですね。僕らはちょうど気仙沼にいて、港に停泊していた船が津波で洗濯機のように巻き込まれていって、ぶつかる凄い音が周りの山に響いて。その音と重油が海の水と混ざったようなあの臭い。３・11には毎年気仙沼に行ってるんですが、黙禱の午後２時46分にサイレンが鳴ると同時にあの臭いがよみがえってくるんですよね」

富澤「津波が来る前に、逆に水が引いたんですよ。ちょうど気仙沼の渡し場のところで見たら、あれっ？　浅くなってるなあと。そして何十分か経ってすごい津波が来た。津波って一旦引くんですね。だから油断してしまうかもしれない。怖いですよ。僕にはその光景がありますね。すぐ高台に上がったけど一足遅れていたら危なかったですね」

――お二人にとって出身地であり、これまでずっと被災地に寄り添う活動を続けてこられた。これまでの活動を振り返って

伊達「芸人として何ができるのかなってまず思いますよね。東京で周りのみなさんたちは『笑いで元気に』っておっしゃる。僕らもその気になって、震災のあと現地に行ってコントとか漫才とかやったんですが、やはりそんな状況じゃないんですね。誰も笑いを求めていない。支援物資をたくさん持って行ったんですが、行って初めて避難所のルールというのか、それを知りました。たとえば100人いらっしゃるところにお饅頭を80個買って『少し足りませんがどうぞ召し上がってください』と渡すと、『20人は食べられなくなるのでお持ち帰りください』と。僕らは良かれと思って適当に買って行くんだけど、現場のルールというのがあるんだなと。災害支援って何なんだろうかということを考えましたね」

――行政はそう対応するんですよね。ただ緊急時には平等でなくとも、できるところから少しでも早く支援をして行くべきという危機管理の考えもあります

富澤「いろいろな活動で僕が大事にしているのは義援金もそうですが、あとバスツアーですね。50人くらいの規模ですが、全国から募集して僕らも一緒に東北をいろいろ回るんです。回りながらトークライブをやったり、行った先で語り部から話を聞いたり、そしてお土産屋さんに寄って特産品を買ってもらう。毎年やってるんですが、去年は新型コロナウ

イルスでできませんでした。落ち着いたら、また必ずやりたいです。東北に行ってみようと思っても一人だとなかなか行きづらいかもしれないので、みんなで一緒に、楽しみながら復興につなげようというのも大事かなと思いますね」

――お二人を動かしているものは何ですか？

伊達「10年やってきた僕らの原動力は故郷ということもあるし、同級生も亡くなったということもあります。でも、震災の直後から始めた東北魂義援金の口座に、全国から多くのみなさんにずっと入金していただいていることも原動力です。毎年命日に振り込んでくださる方とか、僕らは信用されて大事なお金を預けてくださるんだなあと。だから頑張らなきゃという思いが当然強くなります」

――これまでの被災地の活動で印象に残ったことは？

伊達「僕が印象に残っているのは、震災直後に南三陸町に行ってたんですが、そこに千葉ナンバーの軽トラックに乗った年配の方がボランティアで来られた。テントや支援物資も積んで南三陸町で1週間ぐらい活動されたんですが、帰るときに『この軽トラどうぞ使ってくれ』と置いていったんです。どうやって帰ったのかなと」

――鉄道もダメだったから、どうされたんですかね？

伊達「みんなで言ってたのは歩いて帰ったんじゃないかと。でも、この10年間そういうボランティアとか絆というのをすごく感じるんですね。あのときそのおじさんの好意を受けた南三陸町の人が、今度は熊本地震のときに自分の軽トラで熊本に向かったりとか。僕の実家のガスの修復をやってくださった方は大阪ガスのみなさんたちだったんですが、聞いてみると『阪神大震災のときに仙台から応援に来てくださった。来るのは当たり前』と。恩返しの恩返しというのか、辛いことも多いんですが、その絆というのに感動しました」

富澤「震災から1年後ぐらいでしたか。お会いした女性がペットを亡くしたことをずっと話せなかったって打ち明けてくれたんですね。自分よりひどい思いをした人がいっぱいいる、家族を亡くしたり。ただ、この方にしてみればペットは家族ですよね。でも、そうやってお互いに話せなくなってるんだなあと。時間が経って少しずつ話せるようになってきたかもしれませんが、心にしまってきた人が多い。これから先もそういう方たちはどこかで吐き出さないといけないんじゃないか、それが課題じゃないでしょうか。その地域の人じゃないボランティアの人には話せるかもしれませんね」

——心の問題ですね

伊達「僕の同級生は、奥さんと子どもさん二人を津波で亡くしたんです。奥さんのご遺体は2週間ぐらいして瓦礫の中から見つかったけど子どもは行方不明。それでその同級生は、自分でこんな長い竿を持って水の中に腰まで入って子どもを探し続けたんです。河北新報にも大きく写真が載ったんですが、それが何と泥の中から子どもを本当に見つけたんですね。抱き上げて。その後、仮設住宅に入って頑張っていたんですが、奥さんの火葬から1年後に自死しました。お線香あげに行ったとき遺書を見せてもらったんですが、『子どもに会いに行ってくる』って書いてありました。ニュースにはなっていないけど自死は多いんですよ。自分だけ生き残ったことが申し訳ないと」

富澤「復興住宅とか堤防とかいろんなものができ上がっています。単純に外から見ているとああどんどん建ってるなあと。でも住民のみなさんからすれば、その場所で家族や多くの人が亡くなっている。この風景を街の人が果たして受け入れているのかなあと考えさせられますね」

――政治や政府に望むことを聞かせてください

伊達「先日ある番組で福島の原発に防護服を着て入ってきました。廃炉作業の現状を見てきたんです。従業員の方はみんな廃炉に必死に頑張っていて、その中に若い作業員がいた。聞くと福島出身なんですね。地震当時、中学生や高校生で、ずっと帰宅困難地域の子どもたちだったんです。彼らは逆に原発にいい思いはないんじゃないかと思っていたのにそうじゃなくて、『俺たちが廃炉にするんだと入社した』と言うんですね。そんなに真剣に向き合っている彼らを見て心を打たれましたし、政治はぜひ原発問題、廃炉や処理水などしっかり取り組んで欲しいと思いましたね」

富澤「僕は何だかんだ言っても新型コロナ対策を政府にしっかりやってもらいたいですね。収まってくれないことには、東北に来てくださいとも言えない。新型コロナが復興を止めてる。東北は人口も減っていってますからそれも心配です。それから現地の人の心の問題ではないですが、とにかく政治家には現場に直接行って話を聞いて何が必要なのかを分かって欲しいですね」

――これから被災地とどう向き合って行きますか？

伊達「5年とか10年とか、あれから何年とか関係ないですね。あの日からいろんなことに直面しながらずっと暮らしてきている。福島県相馬市のレストランのオーナーは『10年経って今ようやく観光1年目』とおっしゃった。区切りでも終わりでもなく、今まだ緒についたばかり、やっとこれからという段階なんです。東北魂義援金口座はこれからも続けるつもりです。これまでは震災孤児に渡してくださいと届けてきたんですが、その分野には行き渡りつつあるので、今度は義援金で何か形に残したいなと。いま被災地では避難スペースにもなる公園などができていますが、そういうところに子どもの遊具とかベンチとか作って形を残したい。義援金を寄せてくださった方々がそれを見るために東北に来ていただくことにもなります」

――テレビや舞台を通じても何か？

伊達「地元のテレビ番組は続けます。月1回、必ず来てロケをやって。それからライブも。実はこの10年の節目に計画していた幻のツアーがあったんです。これ富澤が考えたんですけどね」

富澤「僕らは毎年ライブは日本全国を回ってるんですけど、今回は東京や大阪などではやらず、三陸海岸の都市だけをずっと回ろうと。今回のツアーはそこでしかやらない。すると、見たいという方々や関係者が全国からも三陸に来てくれるでしょ。震災10年に合わせてやろうと。でも、新型コロナで結局ツアーそのものが中止になってしまいました。残念でしたが、これ必ずいつかやろうと思っています」

――お二人がぜひ伝えたいことは

伊達「世の中10年も経つと風化ということが言われますが、ついこの前の地震（2021年2月13日の福島県沖地震、マグニチュード7・3、宮城県と福島県で最大震度6強）もそうだけど、みんな10年前をすぐ思い出した。思い出すということはあの時がそのまま、まだ頭にあるんです。僕らに風化はない。風化という言葉を使わないで欲しいと思います」

富澤「とにかく東北に来て欲しい。東北は海のものもおいしいしお酒もおいしい。実は僕らはお酒を飲めないんですけどね（笑）」

❽ 小野寺五典「政治主導とは責任を取る覚悟のこと」

おのでら・いつのり　1960年、宮城県気仙沼市生まれ。気仙沼高校を卒業後、東京水産大を経て宮城県職員。その後、国政を目指して松下政経塾、東大大学院を経て大学で教鞭をとりながらチャンスをうかがい、1997年に自民党から衆議院議員に初当選。2012年第2次安倍内閣以降3度防衛大臣を歴任。東日本大震災が発生した当時は当選4回で野党だったが、自らの実家なども被害に遭う中で、「危機管理とは何か」「復興とは何か」「政治は何をすべきか」を念頭に活動している。

足がすくんだ、そして焦りと無力感……。

政治主導というものを、自らが直面して心底実感したという。

「たとえば壊れた家を撤去する。上モノ（地上の建物）の撤去は国のお金でやるという。ところが、上モノを片づけたらそこで作業がストップした。どうしたのかと国に訊いたら、土台は下水道の関係なので市町村がやるという。壊滅的な被災地の役所にそんなことをやっている余力があると思うのか。そこでまた1カ月作業がストップする。この有事にどうして、従来の縦割りを超えろと政治で決められないのか。『オレが責任を取るから従来の制度や法律は無視してやれ』というのが政治主導じゃないか。災害のときに国のリーダーに求められるものはそれなんだと」

そう語ったのは自民党の小野寺五典衆議院議員。宮城県気仙沼市生まれ。地元の気仙沼高校を卒業後、東京水産大、宮城県職員、松下政経塾、東大大学院を経て、１９９７年に衆議院議員補選に立候補し初当選。防衛相を3度歴任。

東日本大震災が襲った気仙沼市は、彼の選挙区でもあり、人生の大半を過ごした故郷でもあった。

２０１１年3月11日、午後2時46分。

小野寺氏はそのとき、東京・銀座にいた。午後4時過ぎの東北新幹線で久々に選挙区の気仙沼市にまさに帰るところだったのだ。

実は銀座には、母親の好きな菓子の店がある。東京駅に行く前に手土産を買おうと、立ち寄っていたときだった。

突然激しい横揺れが襲った。店内には悲鳴が飛び交い、客も店員たちも慌ててその場にへたり込んだ。

急いで車に戻った小野寺氏は、携帯電話に入ってきた地震情報やカーラジオで宮城県沖が震源と知り、慌てて携帯で母親に電話を入れた。

「大丈夫？」

「こっちは大丈夫。すごい揺れだったよ」

このときは、まだ電話は通じた。

小野寺氏の実家は、気仙沼市の港に近い場所で旅館を営んでいた。建物は3階建て。母親が経営していた。

小野寺氏は、帰郷を諦め、その場で永田町の党本部に戻ろうとしたが道路は大渋滞。公共交通機関もすべてが止まり首都圏はパニックに陥っていた。そのうち携帯電話も通じなくなってしまった。母親との電話も一切通じなくなった。

そんな携帯の画面を見ると、ヤマほど留守電の記録が記されている。それらは気仙沼市長や旧知の地元自治体の首長たちからだった。携帯電話が通じる間に録音されていた。

「信じられない。大変なことになっています。すべて流された。救援が欲しい」

「避難している。市役所の屋上にいて、眼下には津波が押し寄せている」

大渋滞の中、やっとの思いで党本部に到着し、テレビを見て驚愕した。

ヘリコプターから生中継している被災地の映像は、町中から火の手が上がっている。そのほかは真っ暗闇。すべてが停電している。凄まじい津波が発生したようだ。どこまで何が流されているのか状況把握さえできていない。

自民党本部に設置された対策本部の部屋に詰めながら、小野寺氏は有線電話も使って気仙沼市役所などに連絡を取りまくった。

少しずつ状況が分かってきた。

巨大な津波で市街地全体が襲われた。生存者も何も把握できない。かろうじて逃げた市民だけが、市役所の屋上や高台に駆け上がり助かった。着の身着のまま市役所や体育館に避難している。市内はすべて停電。毛布もない。食料もない。極寒だ。

小野寺「政権側・与党側にいたら、すぐにもヘリに乗って現地に入るのに。被害がどうなっているのかまったく把握できない。何をしていいのかも分からないという焦りと無力感ばかりでした」

当時は民主党政権で自民党は野党。このときはじめて野党である悔しさがこみ上げたという。

それでも何ができるか思い直した。

そうだ。官邸には当時、官房副長官で民主党参議院議員の福山哲郎氏がいる。福山氏とは松下政経塾の同窓で政敵ながらも親しかった。

小野寺氏は官邸の福山氏に電話を入れた。自分のところに入ってきている現地の情報を入れ、政府に動いて欲しかったからだ。だが、官邸も混乱を極めていた。

「官邸は何も分からない。現地とろくに連絡も取れない。何度やってもダメなんだ。原発も危ないみたいだ。とにかく混乱している」

震災発生初日は、あっという間に夜が明けた。

早朝、小野寺氏は同じ宮城の比例議員の秋葉賢也氏らと3人で、自家用車で東京を出発する。

小野寺「何が起きているか分からない。ならばすぐに現場に入るのが政治家でしょう。首相や閣僚なら別ですよ。その任にない地元の政治家は歩いてでも入るべきです。でも、民主党の地元議員が現地に入ったのは公共交通機関が復旧した5日も6日もあとだった。そのひとりに聞いたら、『党本部から被災地に入ると迷惑だから指示を待てと言われた』と言ってた。呆れましたよ。現地に真っ先に入り、対策本部を作るとか、いろいろと手を打つべきなのに」

2024年元日の能登半島地震で、現地入りを制限した国会や政党と同じ判断だ。小野寺氏が言うように、首相は別だが、いち早く現地に入るのが議員だと私も思っている。

翌朝はまだ規制も敷かれていなかった高速道路を150キロの猛スピードで突っ走り、仙台に着いたのが午後1時過ぎ。宮城県庁に立ち寄ると、そのまま気仙沼市へと車を走らせた。

自分の実家に近づくにつれ、恐ろしい光景が広がってきた。

何台もの車が道路にハラを上にしてひっくり返っている。町は水浸しだ。

車を捨てて歩いた。実家の旅館と思われる場所にたどり着いた。周囲は跡形もない。自分の実家かどうかもはっきり分からない。とにかく辺りは倒壊家屋や船の残骸などが瓦礫のように積みあがり、不気味なほどに静まり返っている。

ところどころに遺体がある。瓦礫の下敷きで足だけが見えるのもある。人の気配はまったくない。

小野寺氏は怖くなったという。

「おーい！　誰かいますかぁ!?」

これまでにない大声でそう何度も叫んだ。そうしなければ足がすくむからだった。

昨日以来、連絡の取れていない母親ももしかすると――。その思いも恐怖心を増幅させていた。

日が沈みかけたころ、小野寺氏は実家周辺を歩きながら手がかりを探すのを諦め、市役所に向かった。

市庁舎に入ると停電で真っ暗。冷気と静けさ。

廊下を歩いていくと、奥の部屋からうっすらと明かりが見えた。

その部屋に入ったとたん異様な空気に驚いた。大勢の避難してきた人たちがいるのに、シーンと静まり返っている。

彼らの顔は泥だらけのまま。ろうそくの明かりの周囲に体を寄せ合って集まり、床にへたり込んでいる。声をかけてもいいのかどうか。

しかし、一人一人の肩に手をかけて回った。

「大丈夫ですか？」

その中の一人が偶然、顔見知りだった。すると、彼は黙って、部屋の奥のほうを指差した。

その先を見ると、何とそこには、段ボールの上にうずくまって横たわる母がいた。

「お母さん！　お母さん！　生きてた！」

「よく来れたねえ！　私は大丈夫だから」

母によると実家の旅館は3階建てのうち2階部分までが津波に流されたという。宿泊していた10人ほどの客の安否も分からなかったが、彼らものちに全員避難所で無事が確認されたのだった。

本稿で、小野寺氏の2日間をここまで詳細に記したのには訳がある。

東日本大震災は、多くの政治家に、災害対応や危機管理についての資質を問い迫ったのではないかと私は考えている。中央では、救済策や復興策を語る政治家も多い。しかし、そんな対症療法的なものではなく、本質的にこの国の災害有事に対する、政治・行政のあるべき姿を打ち出すのが政治家の責任だ。

私は、小野寺氏にはそれを堂々と語れる実体験があったことを前提とした上で、伝えたかったのだ。

地震や津波の発生から、身内の安否不明とともに、政治家として直面した動揺や無力感、忸怩たる思いや、災害現場の悲惨さ、理不尽さ。何をすべきなのか――。その一つ一つ。体験に勝るものはないのだ。

災害には政治主導しかない！

この日から、小野寺氏の被災地一本の政治活動が始まった。再び自民党へと政権交代する翌年までの1年間。彼のスケジュールは被災地と国会で埋め尽くされた。

国会会期中は、1週間のうち4日間は東京、3日間は被災地。

ただ、1日でも国会日程が空くと、その1日を被災地に費やした。

始発の新幹線に乗り込んで気仙沼市へ向かい、午前9時半に到着後、仮設住宅を訪ねて聞き取り調査、瓦礫の処理が遅れている地域を回って視察。

昼食は、必ず被災した商店街を訪ねて商店主らと懇談しながらとる。

午後には気仙沼市役所に足を運び、被災地が要望している交付金事業の進め方など政府への対応を協議、そこから農家などを回ったあと、夕刻には仙台市にある宮城県庁に顔を出し、地域の要望などをまとめる。

そして最終の新幹線に乗って上京。地元自治体の要望などは翌朝一番で霞が関の省庁に向かい持ち込んだ。

小野寺「まとまった日程が取れて戻ったときには旅館の3階の仏間に母と二人で寝ました。旅館は修復もままならぬ状態」

1年間、ずっとこれを繰り返してきた。

小野寺氏は、被災地の復興において、長くこの日本を支配してきた法律や制度、官僚政治、総じて言えば、「この国の仕組み」という壁に嫌というほど直面してきたという。そして、この壁を突き破る政治主導がまったく効いていない現実を痛感した。

その事例は枚挙にいとまがない。たとえば、こんなことがあった。

気仙沼市で家を流された住民たちが、新しい町づくりに踏み出そうとしていた。小野寺氏も、住民や市役所から相談を持ちかけられ、彼らの中に入って様々なプランを一緒に検討した。

当時、政府は、今後の津波被害に備えて、新しい町をまるごと高台に移転する計画を推奨しており国の助成対象でもあった。ところが、これには落とし穴があった。

小野寺「被災地域にもよりますが、気仙沼の場合、高台に移転するには新たに造成して住宅を建設するまで5年もかかることが分かったんです。そこで出たのが、東京にもある高層住宅案でした。耐震技術もあるし、津波を想定して低層階は住居にせずに商店などを入れたらどうかと。7〜8階建ての建物で、1〜2階は商店、3階以上にお年寄りなどが住む――。これなら離れたくない元の土地にそのままいられるし、再び商売も始められる。いい案だと思いました」

ところが住宅建設について国から交付金を受けようとしたところ、「待った」がかかった。

小野寺「国土交通省に相談したら、『これじゃあ金は出せない』と即座に却下されたんです」

理由を聞いて呆れた。高層住宅は考え方としてあってもいいが、低層階に商店を入れた段階で、もはや純粋な住宅という概念ではなくなる。商売ということになれば経済産業省の管轄になり、国交省の管轄ではなくなる。これでは住宅の交付金は出せないという理屈だった。

ありがちだ。東日本大震災以降の災害でも、省庁をまたがるようなプランは簡単に国からお金が下りない。第2章でも指摘したように、第三の基金制度などを作ってそこに公金を入れ込み、自由度の高い公金の使い方を恒常化すべきだ。

小野寺氏も、東日本大震災の現場でそれを痛感していた。

小野寺氏はこの件では国交省に何度も何度も押しかけて訴えた。

「高台に移るのに5年かかる。みんなで高層住宅という知恵を絞ったんだ。同時に商売もやって、もう一度奮起して生計を立てたいと。それを、従来の制度や決まりでしか判断せずに、縦割り行政で却下する。そんなバカなことがあるか」

小野寺氏の訴えに、国交省も重い腰を上げた。最後は、「津波の恐れのある低層階は吹き抜けの空間にする。あくまでも吹き抜け。よって商売をする人は、そこに商店を正式に構えてはいけない。あくまでも一時的な露店のような形なら認める」ということにまとまった。

ただ、この決着に、ゆうに2カ月以上もかかった。しかも、「あくまでも吹き抜けスペース。商店はあくまでも露店」という、いかにも霞が関的な屁理屈。なぜ柔軟に対応しないのか。こうやって復興が遅れるのだと小野寺氏は実感した。

小野寺「大災害って時間との戦いですから。なのに省庁や地方自治体には法律やルールや管轄がある。そこで必ず立ち止まって、この書類は、この数字はどうなんだ、その精査を緻密にやればやるほどまた遅れてみんながやる気なくなって、復興しようと思う方々も諦めて、事業を辞め、生活保護になったり、あるいは地域からいなくなったりした。地震から1年間、そんな毎日を見てきました」

――官僚に問題がある？

小野寺「でも、官僚に責任を押し付けるのはどうなのか。結果責任を取るのは政治家ですから」

――政治家？

小野寺「政治が前に出て、最初は不公平が起きても、そこは最後にちゃんと埋め合わせするからということで、あとは政治家がちゃんと責任も取るしお詫びもすればいいし、それがやっぱり政治の仕事でしょう。災害時や緊急時に住民とか市民にとってベストなことをやればいいだけの話ですから。あとから叱られればいいので」

――政治主導ということか？

小野寺「官僚が制度に縛られるのは当たり前。しかし、それを超えて決断するのが政治の役目だということなんです。ここは無視していい、前例がなくてもいい、いま必要ならこれをやれと。そして当然そこには責任が発生します。だから政治家が、『オレが責任を取るからやれ』と言えるかどうかなんです。このことは震災だけの話じゃありません。外交も安全保障も内政もすべてです。政治家に必要なものはそこなんだと。政治家の原点は責任を取るということなんですよ。それが政治主導なんです。首相はもちろん担当大臣も、そして政権与党もそれを言えるのかが問われているんです」

また、小野寺氏は津波の予測システムを気象庁などと共有するなど、災害予知についてもっと予算を取り、体制を構築して行くべきだと政府を突き上げた。

小野寺「実は宮城県の気仙沼は昔からチリ地震とかの津波の影響を受ける地域なので、海の沖にブイを浮かべ、津波が沖合何十キロに来たらその高さが何メートルか、それを人口衛星でリアルタイムで把握しています。その情報を使って町のどこまでどれほどの津波が来るかをシミュレーションするソフトを作って、それが稼動しているんです。今回、あとでそのデータを見てみたら津波の浸水の予測がちゃんとできていた。もしこれが地震のときにいろんなところにオンラインでつながっていたら、もっと被害が少なかったかもしれないんです。私は今回の地震の前の年の２０１０年の3月に、これをオンラインで気象庁などでも役立てるべきだと、国会の災害特別委員会で質問していたんです。それなのに、その後も情報を共有する仕組みなどに手を付けていなかったんですね」

――なぜ素早くシステムを構築していなかったのか

小野寺「縦割りなんですよ。この沖合の波浪計を設置したのは国土交通省の港湾局。そして津波予報を出すのは同じ国交省の気象庁です。同じ役所内でも予算立てや目的が違うなど、なかなか連携できていないんです。地震のあと、国会で私は、このシステムを早く整備して部局同士が連携しろと、もう一度取り上げました。おそらくこれから、関東も、あるいは東海や東南海も津波の問題がある。そのときにこれだけ有効なデータがあって、それをオンラインで活用すれば、今どこまで津波が来ているのか、数十分後にこれだけの津波が来るとか分かる。それを教訓として生かして欲しい」

その後、政府は情報共有を進めるなどの対応に乗り出し、一定の前進はある。

しかし、小野寺氏の指摘する縦割りは今も残っている。気象庁予算は単独では少額で、防災に関する予算は各省、各部署に分散されている。災害有事に対しては一元化し、効率的に有効に使うべきだ。

さらに言えば、もはや気象庁を危機管理の組織として内閣府に置き、首相直轄として予知から避難までの権限を与えるなど、組織改編も必要ではないのか。それを発展させて、防災省や危機管理庁といった組織を作る議論もあっていいと思う。いま各省庁にまたがっている防災関連の政策や復興政策などをはがして一元化するか、また一気にそこまでできなくとも「横串」を通してコントロールすることから始めてもいい。

小野寺氏は復興について、こう語った。

小野寺「自分が被災地の当事者になって本当に苦しくて辛い日々でした。でも政治家として顔を上げなければと過ごしてきました。そんな中で気づいたのは、災害を前に向かって捉えるということが『復興』なんだと。つまり、津波が来て、沿岸部、湾内、すべてがある意味ではなくなってしまった。リセットされたんですね、海が。その一番の象徴は、カキってあるでしょう。あのカキが、前は2～3年経たないと大きくならなかった。津波で沿岸部が逆に一掃されて、今、1年で大きくなって身も軟らかくてすごくおいしくなっているんですね。海のワカメもものすごくいいものができてます。津波はもしかしたら海の汚れをきれいにさらってくれたのかもしれないと自分に問いかけたんです。ここで、しっかり港を一から整備して行けば、さらに海の幸はすごく質の高いものが採れるようになるんじゃないか。まだ辛いことはたくさんある。でもみんなが前を向き始めるというのは、そういうことかもしれないと」

❾ 石破茂「防災省創設というライフワーク」

いしば・しげる　1957年、鳥取県八頭郡八頭町生まれ。慶應義塾大学法学部卒業。三井銀行勤務ののち、衆議院議員。防衛庁長官、防衛大臣、農林水産大臣、自民党政調会長、自民党幹事長、地方創生担当大臣などを歴任。安全保障、地方創生、災害対策などについての見識と、それを語る言葉の力には定評がある。

能登半島地震から20日が経ったその日、私は石破茂氏と一緒にテレビ番組に出演した(「田村淳の訊きたい放題」東京MXテレビ放送)。テーマは、自民党を揺るがしていた政治資金パーティーのキックバック裏金問題が中心。党改革をどうするべきかなど意見を交わしたのだが、コマーシャルの時間に入ると、石破氏は隣に座っていた私に話しかけてきた。

石破「何をやってるのか」

能登半島地震に対する、その後の政府対応についてだった。

石破「ＴＫＢっていうのがある。地震が多いイタリアの話なんだけどね。Ｔはトイレ、Ｋ

はキッチンカー、Ｂはベッド。ふだんから国がその三つを準備していて、地震発生から48時間以内にＴＫＢを被災地に届ける仕組みができてるんだよね」

ヨーロッパの有数の地震国であるイタリアでは、１９９２年に非常事態の予測や防止などを担当するイタリア市民保護局という首相直轄の国家機関が設置された。

石破氏が言うように、地震発生時には保護局が指令を出し、48時間以内に避難所へコンテナ型のトイレ、簡易テント、キッチンカー、簡易ベッドが届けられる。簡易テントなどは家族単位の10人程度が入れるものでエアコン完備だ。

石破氏は、能登の被災地には近々時間を作って行こうと思っていると言って続けた。

石破「避難所はもう20日経っても水がない、食料は行き届いているのか、雑魚寝も続いていると、現地からどんどん情報が入ってきている。イタリアはキッチンカーで温かい食事と一緒にワインも出す。被災者が失意の中にいるときに励ます意味もあると。防災への思想が全然違うんだ」

そして力を込めた。

石破「防災省を設置すべきと、東日本大震災のあとからもう10年以上も言い続けている。政府にも何度も質問してきたし党の部会でも散々言ってきたけど、政府も時の首相も乗ってこない。そしてまた、災害のあとの避難所でこうやって同じことを繰り返すんだ」

いま岸田政権が迷走する中、石破氏は、メディア各社の世論調査のほとんどで、ポスト岸田の一番手に挙がっている。2024年秋には自民党総裁選もある。石破氏は、そこへ向けて動き始めていた。

2月27日には、約8カ月ぶりに石破氏を囲む議員たちの政策勉強会が開かれた。明らかに「総裁選へ向けての第一歩」(参加した議員)なのだが、その一回目のテーマが何と数ある石破氏のライフワークの中でも「防災」だった。それだけ今回の能登半島地震の対応に我慢できず、ずっと訴えてきた防災対策はもはや待ったなし、という意識が高まってきたということだろう。

勉強会では、石破氏が掲げてきた、総合的な防災対策の司令塔である「防災省」を新設する意義について、石破氏自らが講演したのだった。

「101年前に起きた関東大震災のときから変わっていないのは、一体どういうことか」(石破氏)

石破氏によると、日本の災害対応体制は、伊勢湾台風を受けての1961年の災害対策基本法がベースとなっている。

その後、改正は行われているが、阪神淡路、東日本、熊本と平成になって以来、幾度も大震災を経験しながら、毎回同じようなことが指摘されているとしている。

「国と地方と民間との責任分担の見直しや、防災専門省庁の創設（防災省）などを含めた抜本的な見直しが必要ではないか」（石破氏）

ただ、石破氏の提唱に霞が関は、なぜか否定的だ。

国会での政府答弁などは「平時から大きな組織を設ける積極的な必要性は見出しがたい」「今のままで対応は十分に可能。屋上屋を重ねることになる」などである。

しかし、まず予算的に見て、現状の各省庁にまたがる防災予算の使い方は非効率であり無駄がある。

「防災予算を要求する専門省庁がなく、災害のたびに各省が補正予算を要求するため、災害対応資材の計画的な備蓄もできない」（石破氏）

また石破氏は、防災や危機管理のプロを政府が育成し、事に当たる必要性を訴える。予算面の一元化、そして人材や地方自治体との連携、指揮命令系統の一本化などが必要という考え方だ。

たとえば、新型コロナワクチンの接種などのときもそうだった。

接種は厚生労働省、運搬・輸送は国土交通省、冷凍保管は経済産業省、都道府県との調整などは総務省といった具合だ。そんなことでは、いつワクチンが打てるというのか。

そこで当時、菅義偉首相がワクチン担当大臣として河野太郎氏を任命。河野氏は各省庁同士のぶつかり合いを力ずくで指導しながら接種までの流れを一元化した。いわゆる「横串」を通したのだ。新型コロナという感染症もはっきりいって自然災害と同じ「有事」と言えるではないか。「有事」の際に縦割りが障害になる——、共通する弊害として実に分かりやすい。

防災対策も当然、縦割りで対応している場合ではない。

そもそも、予測から避難などの指示、避難所設営、産業から交通から住居までの復旧・復興、被災者の命や健康……。どれだけの省庁にまたがっているというのか。

これに対して、少々のリーダーシップや少々の「横串」では、国全体として一貫した方向性や方針に基づく災害対応は不可能だ。

だからこそ防災に関する専門の省庁を設置して、これまで各省庁にまたがってきた防災に関するすべての政策や予算や権限を整理して、集約して、一元化すべきだというのが防災省だ。

「かつて国土庁に防災局があり、それなりに恒常的な組織だったが、いま内閣府にある防災担当は各省庁から概ね2年の期限で出向した職員約100人で構成されている。いかに彼らが優秀で懸命に働いていても人数が決定的に足りず、経験や知識の蓄積と伝承に難があることは明白。防災省のような恒常的な組織を作り、その長にはこれまでのような担当大臣ではなく専任の国務大臣を置き、その大臣は、専門的な知識と経験を有する人たち、たとえば民間の専門家や学者など議員以外も含めて専門集団を作り、内閣改造や政権交代にかかわらず長期にわたって防災専門の官僚やチームを確立する――、そんな運用も検討に値するのではないか」(石破氏)

石破氏は防衛相も務め、「有事」や「危機管理」と向き合った。地方創生相としては、各省庁にまたがり省益でガチガチの地方関連予算や法律に「横串」を通し、効率的に予算が使えるように一元化に力を注いだ。「有事」に「危機管理」に「横串」……、それらの経験があるからこそ、「防災省」という組織の具体的な形がはっきりと見えているに違いない。

石破氏は、前々回に出馬した自民党総裁選で「防災省」を政権構想の中で公約とした。次期総裁選でもぜひ再び、それを掲げて欲しい。

おわりに

このあとがきを執筆している5月1日、能登半島地震から4カ月が経過したが、石川県によると今なお4606人が避難所に身を寄せている。応急仮設住宅も必要分のまだ半分以下。断水も、珠洲市など3市町の約3780戸で続いている（4月30日時点）。

復興対策が遅々として進まない理由は「工事の難航や法律の壁など」（石川県担当部局）というが、ならば知恵を絞って専門業者を集め、国の予算を集中的に投入すればいい。法律を変えればいい。本書で散々指摘してきたように、災害時こそ政治決断や現場主義が必要なのに、それが足りないという過去の災害対応と同じ経過を辿っている。

ところが、さらに衝撃的な数字がこの春に出た。13年前の東日本大震災に関するものだ。復興庁によると、被災地からの避難者は今年2月時点に至っても何と2万9328人もいるのだ。被災者は全国に散っている。福島県や宮城県の太平洋側の故郷に戻りたい、でも原発問題や町の産業や経済が不安でいまなお見通せていない。いずれ帰る、いやこのまま避難地を永住の地にするのかなど、今も選択を自らに課している人たちがたくさんいる。2万9328人もいる。かつて取材した避難者の何人かに連絡を取ってみた。

「地震のとき息子が2歳。来年、高校受験だが福島の高校を受験させたい。おととし避難指示が解除されたが、心配で、戻っても大丈夫なのか。昔の町内の仲間もそう。どうすればいいのか相当迷っている」(福島県双葉町に居住していた建築業者、現在は新潟県在住)

「道路はきれいになったが元の町並みはなく、もはや知らない土地。消失感は永遠に消えない。人口も減ったから経済はどうか。以前のような商売をもう一度やったところで生活できるのか。かといって職を探しても簡単な作業とかしかない。子供たちは独立して妻と二人。帰りたいが食べて行けるのか」(宮城県石巻市に居住していた和菓子店主、現在は茨城県在住)

あれから何年などというのは、政治・行政やマスコミが勝手に作る区切りなのだ。被災者はあの日を忘れない。災害は終わらない。時は止まっている。「寄り添う」というのは、そうした被災者が自らの意思で前を向いて進み出すそのときまで、インフラや経済や仕事、あらゆる復興政策を継続して行くことだ。

最後に、政治・行政に、もう一度その覚悟を問うて、本書の結びとしたい。

2024年5月1日　　ジャーナリスト　鈴木哲夫

Special Thanks

三ッ井栄志氏（近代消防社・代表）
江坂透氏（テレビ西日本・プロデューサー）
繁田直紀氏（関西テレビ・プロデューサー）
塩見洋氏（デイリー新潮・編集長）
小宮亜里氏（ブックマン社・編集長）
林渓清氏（月刊公論・編集長）
長田逸平氏（クライシスマネジメント協議会・理事長）
鈴木成一氏（グラフィック・デザイナー）
サンデー毎日編集部のみなさん
向井徹氏（毎日新聞出版・編集者）
日刊ゲンダイ編集部のみなさん
橋上弘氏（日刊現代・書籍事業部長）
寺田俊治氏（日刊現代・社長）

本書は書き下ろしに加え、以下の拙稿を再構成しました。

・鈴木哲夫『期限切れのおにぎり～大規模災害時の日本の危機管理の真実』(近代消防社)
・鈴木哲夫「連載・政局展望」、『月刊公論』(財界通信社)
・鈴木哲夫連載『サンデー毎日』(毎日新聞出版)
・鈴木哲夫「3・11を前に考えるべき防災のあり方とは何か」、『環境会議』2019年春号(先端教育機構)
・鈴木哲夫「自然災害は有事——政治は被災民に寄り添っているか」、『平成史全記録』(毎日新聞出版)
・伊藤典昭、鈴木哲夫共著『くまモン知事——東大教授から熊本県知事に転身した蒲島郁夫の決断力』(ブックマン社)
・鈴木哲夫「連載・政界インサイド通信」、『アサヒ芸能』(徳間書店)
・鈴木哲夫「壁新聞の地元ジャーナリストが見続けた〝石巻の10年〟」、『デイリー新潮』(運営:新潮社)
・鈴木哲夫「日刊ゲンダイオンライン講座」(配信元:日刊ゲンダイ)

鈴木哲夫（すずき・てつお）
1958年福岡県福岡市生まれ。ジャーナリスト。テレビ西日本報道部記者、フジテレビ報道センター政治部出向を経て、1995年東京メトロポリタンテレビジョン（東京MXテレビ）開局メンバー。その後、2007年には日本BS放送（BS11）を立ち上げ、報道局長、キャスターなどを経て2013年からフリージャーナリスト。政治、災害、事件、福祉など、多岐にわたるテーマを報じ続けている。近著に、『期限切れのおにぎり──日本危機管理の真実』『石破茂の頭の中』ほか多数。

シン・防災論《ぼうさいろん》

「政治《せいじ》の人災《じんさい》」を繰《く》り返《かえ》さないための完全《かんぜん》マニュアル

2024年5月31日　第1刷発行

著者　鈴木哲夫《すずきてつお》
発行者　寺田俊治
発行所　株式会社 日刊現代
〒104-8007 東京都中央区新川1-3-17 新川三幸ビル
電話 03-5244-9620
発売所　株式会社 講談社
〒112-8001 東京都文京区音羽2-12-21
電話 03-5395-3606
ブックデザイン　鈴木成一デザイン室
校正　大道寺ちはる／中村勝行
本文データ制作　株式会社キャップス
印刷所・製本所　中央精版印刷株式会社

 ISBN978-4-06-535718-7